사람이 하늘이다
❷

가해 강론집 ❷

사람이 하늘이다

강영구 신부

불휘 미디어

사랑하는 어머니
조 헬레나 님께 이 책을 바칩니다.

머리글

사제는 어떤 사람일까?

요리사라고 하면 어떨까? 나는 오늘까지 사제 성소를 살면서 어떻게 하면 말씀과 성체를 맛있게 요리해서 신자들을 먹일까 고심해왔다.

가톨릭 신앙생활의 궁극적 목표는 제2의 예수가 되어서 '지금, 여기'서 하늘나라를 누리는 것이다. 제2의 예수가 되는 확실한 길은 예수님을 먹는 것이다.

교회는 신자들이 예수님을 먹을 수 있도록 말씀과 성찬의 식탁을 마련하고 있다. 말씀과 성찬의 식탁에서 예수님을 먹고 예수님과 하나가 되는 신자는 제2의 예수가 될 수 있다. 사제는 이 식탁의 요리사로 불리움 받았다.

안타까운 현실은 말씀과 성찬의 식탁에 손님들이 자꾸 줄어들고 있다는 사실이다. 나쁜 식재료 때문일까? 그럴 리가 없다. 말씀과 성체는 예수님 이후 교회 안에서 이천 년 이상 검증을 거친 최고의 식재료다.

이스라엘 백성은 젖과 꿀이 흐르는 가나안 땅을 향한 40년 광야의 길을 걷는 동안 만나를 먹고 살아남았다. 현대의 그리스도인들도 하늘나라를 향한 여정 중에 말씀과 성체를 먹어야 살아남을 수 있다.

그런데 성찬의 식탁을 외면하는 신자들이 늘어나는 이유가 무엇일까? 요리사의 시원찮은 조리 솜씨 때문일까? 아니면 요즘 신자들은 아예 먹기를 거부하면서 다이어트 중이거나, 더 맛있고 영양가 있는 식탁을 발견한 것은 아닐까?

여기 펼쳐지는 보잘것없는 강론들을 통해서 신자들이 말씀에 맛들이기를 소망한다.

불자들의 궁극적 목표는 부처가 되는 것이다. 부처가 될 수 있는 두 가지 길이 있다. 하나는 깨달음을 얻는 것이고, 다른 하나는 보살의 삶을 사는 것이다. 어려운 길이다. 그래도 불자들은 이 길을 걷기 위해 노력한다.

가톨릭 신앙인들은 말씀과 성체를 먹고 예수님과 하나가 될 수 있고 그분의 생명에 참여한다. 끝내 제2의 예수가 된다. 정말 그럴까?

"사람은 빵만으로 살지 않고 하느님의 입에서 나오는 모든 말씀으로 산다."(마태 4, 4) 돌을 빵으로 만들어 주린 배를 채워 보라는 유혹자에게 하신 예수님의 말씀이다. 요한복음은 "말씀은 하느님이셨다. 말씀이 사람이 되시어 우리 가운데 사셨다."(요한 1, 1.14) 고 증언한다. 그러니까 예수님은 말씀이 되어 이 땅에 오신 하느님이고,

우리는 그 말씀을 먹고 살아야 한다.

"나는 하늘에서 내려온 살아 있는 빵이다. 누구든지 이 빵을 먹으면 영원히 살 것이다. 내가 줄 빵은 세상에 생명을 주는 나의 살이다."(요한 6, 51) 성찬의 식탁에서 받아먹는 성체는 예수님의 몸이고, 성체를 먹는 사람은 영원히 산다.

예수님의 가르침과 성경은 가톨릭 신앙인들이 예수님의 생명에 참여하고 제 2의 예수가 될 수 있는 길은 말씀과 성체를 먹는 것이라고 증언한다.

나는 은퇴하여 지리산에서 은둔생활을 하고 있다. 지리산은 골이 많고 깊다. 골짝마다 신자들이 살고 있다. 성당은 너무 멀다. 그래도 말씀을 먹고 성체도 먹어야 살겠다고 생각하는 신자들이 주일마다 나의 오두막을 찾아온다. 나는 성찬의 식탁을 펼치고 그들에게 말씀과 성체를 나누어준다.

그들은 산골공동체라는 울타리를 만들고 도반이 되어 손을 맞잡고 삶의 길을 걷는다. 그들은 모두 예수다.

사목 현장을 떠나 백수 사제 생활을 하는 나에게 매달 생활비를 보내주는 교회에 작은 보답이라도 해야겠다는 생각으로 가해 강론집을 내기로 했다.

산골공동체 가족들에게 감사의 인사를 올린다.

원묵계(元默溪) 앙산재(仰山齋)에서
―明 강영구 루치오 신부

차례

사람이
하늘이다 ❷

연중 시기
함께하시는 예수님

주님 세례 축일	새로운 인생길 _ 12
	새 삶의 시작 _ 19
연중 제 2주일	하느님의 어린양 예수를 증거하는 삶 _ 24
연중 제 3주일	빛으로 오신 예수 _ 30
연중 제 4주일	여덟 개의 복 받는 그릇 _ 36
연중 제 5주일	빛과 소금 _ 42
연중 제 6주일	세심(洗心), 수심(修心) _ 48
연중 제 7주일	예수님을 닮은 사람 되기 _ 54
연중 제 8주일	눈을 뜨고 하느님을 만나라 _ 60
연중 제 9주일	반석 위에 집을 짓는 슬기로운 사람 _ 66
연중 제 10주일	소중한 인연 _ 72
연중 제 11주일	동체자비(同體慈悲)와 하느님 나라 _ 79
연중 제 12주일	가슴속의 장벽을 허물라! _ 86
연중 제 13주일	유유상종(類類相從) _ 92
연중 제 15주일	씨 뿌리는 사람 예수 _ 99
연중 제 16주일	선과 악이 혼재하는 세상 _ 105
연중 제 17주일	밭에 묻혀 있는 보물 _ 110
연중 제 18주일	너희가 먹을 것을 주어라 _ 116

연중 제19주일	스승님은 참으로 하느님의 아드님이십니다 _ 122	
연중 제20주일	예수님께 올리는 편지 -개 같은 내 인생_ 128	
연중 제21주일	너희는 나를 누구라고 생각하느냐?_ 134	
연중 제22주일	예수를 따르는 길 _ 140	
연중 제23주일	교회 안에서 이루어지는 일들_ 146	
연중 제24주일	아름다운 용서, 행복한 용서 _ 152	
연중 제25주일	대자대비(大慈大悲)하신 하느님 _ 158	
연중 제26주일	하늘의 소리에 순종하기_ 164	
연중 제27주일	知人者智, 自知者明 _ 170	
연중 제28주일	하느님의 소리에 귀를 기울이기 _ 176	
연중 제29주일	하느님의 것은 하느님께 돌려드려라 _ 182	
연중 제30주일	사랑으로 하느님 되기 _ 188	
연중 제31주일	부끄러운 사제 _ 194	
연중 제32주일	등불을 켜들고 _ 200	
연중 제33주일	교회의 주인이며 희망인 평신도 _ 207	
연중 제34주일	왕(그리스도)이신 예수_ 215	

성모의 밤	여인 중에 복된 여인_ 221

한국 성직자들의 수호자 성 안드레아 김대건 사제 순교자

하느님의 제단에 모든 것을 바친 삶_ 228

설날	복 받는 날 _ 235
아치에스	마리아의 군사로 불림 받은 사람들_ 240
장례 미사 1	영원한 안식을 주소서 _ 247
장례 미사 2	하느님의 자비 _ 252

연중 시기

함께 하시는 예수님

> **주님 세례 축일**
> - 이사야 42,1-4. 6-7
> - 사도행전 10,34-38
> - 마태오 3,13-17

새로운 인생길

오늘 우리가 기념하는 예수님의 세례는 제 2의 성탄 사건입니다. 교회는 성탄 대축일에 하느님의 아들이신 예수님께서 이 땅에 사람으로 태어나신 것을 기념합니다. 세례 축일을 통해서 교회는 예수님께서 그리스도로 탄생하신 것을 기념합니다.

복음서들은 예수님께서 출가하시기 이전의 삶에 대해서는 침묵을 지킵니다. 마태오 복음과 루카 복음은 예수님의 어린 시절에 대해서 약간의 정보를 제공하고 있습니다. 두 복음이 전하는 예수님의 유년기 시절 이야기는 '예수란 누구인가?'라는 질문에 대답하기 위한 것이지, '예수님께서 어떻게 생활하셨는가?'라는 질문에 대답하지 않습니다. 예수님께서 출가하시기 이전에 고향 나자렛에서 어떻게 사셨는지 알 길이 없습니다.

출가 이전 나자렛에서의 예수님의 삶은 아주 평범한 것입니다. 보통 유태인 청년들처럼 예수님은 아버지 요셉으로부터 목수 일을 배우고 전수받아서, 목수로서 생계를 꾸려갑니다. 예수님은 그 누구보다도 성실하고 정직한 목수입니다. 작은 일이라도 최선을 다했고, 이웃의 일을 마치 자신의 일처럼 처리해 주는 성실한 목수 청년입니다.

유태인 가정에서는 아이들 교육을 철저하게 합니다. 성경을 읽는 법, 기도하는 법을 가르치는 것은 부모가 해야 할 가장 중요한 의무 중 하나입니다. 예수님께서도 아버지 요셉과 어머니 마리아로부터 기도하는 법을 배웁니다. 틈틈이 성경을 읽으면서 하늘의 뜻을 읽고 하늘에 순종하는 법을 배웁니다. 예수님께서는 나자렛에서 이런 평범한 생활을 통해서 인생의 기초를 튼튼히 다집니다.

자기 인생은 자신이 책임져야 합니다. 아무도 자신의 인생을 대신 살아주지 않습니다. 남편이 아내의 인생을, 아내가 남편의 인생을 대신 살아주지 않습니다. 부모가 자식의 인생을, 자식이 부모의 인생을 대신 살아주지 않습니다. 내가 사랑하는 사람도 나의 인생을 대신 살아주지 못합니다. 서로 사랑하는 사람은, 사랑하는 사람이 성공적인 인생을 살아갈 수 있도록 도와줄 수 있을 뿐입니다.

부모가 자식을 사랑해도 자식을 대신해서 그 인생을 살아줄 수 없습니다. 부모가 자식에게 해 줄 수 있는 것은 자식이 제 인생을 꿋꿋하게 잘 살 수 있도록 도와줄 수 있을 뿐입니다.

목수 청년 예수님도 아버지 요셉과 어머니 마리아로부터 사랑받고, 그도 부모를 사랑합니다. 청년 예수님은 형제들을 사랑하고 이웃 사람들을 사랑합니다. 그리고 그들로부터도 사랑받습니다. 사랑하고 사랑받는 사람 예수님은 그 누구보다도 성실한 아들이요 목수로서 생활합니다. 그러나 예수님의 길은 따로 있습니다.

  나이 서른이 되었을 때 예수님은 하늘의 부르심을 듣습니다. 그것은 깨달음이기도 합니다. 고향 마을에서 평범한 목수가 아닌, 이스라엘과 인류를 위한 삶이 있다는 사실을 깨닫습니다.

  늘 기도하면서 하늘의 부르심에 순종하는 법을 배우고 실천하던 예수님의 행동은 그침이 없습니다. 하늘의 부르심을 듣자 과감하게 모든 것을 버리고 집을 떠납니다. 가족과 집과 고향을 버립니다.

  새 삶을 위해서는 자신을 안온하게 감싸주는 울타리를 넘어서야 합니다. 인간은 본능적으로 어느 곳에 안주하여 평안함을 누리기를 원합니다. 그곳에 안주하면 자신의 평안은 도모할 수 있지만, 새로운 도약을 할 수 없습니다. 예수님의 출가는 새 인생을 시작하기 위한 출발점입니다.

  출가를 감행하신 예수님께서 먼저 한 일이 요르단강으로 내려가서 세례자 요한으로부터 세례를 받는 일입니다.

  출가는 가정과 가족으로부터 탈출, 온갖 인연을 끊고 넘어서는 일입니다. 한편, 세례는 자기 자신으로부터의 탈출, 즉 스스로 죽는 일입니다. 스스로 죽음으로서 비로소 새롭게 거듭날 수 있습니다. 그것이 세례입니다.

예수님께서 당신의 길을 걸어가시는데 발목을 잡는 것들이 많이 있습니다. 그중에서도 가장 질기게 발목을 붙잡는 것이 두 가지 있습니다. 하나는 혈연이고 또 다른 하나는 당신 자신입니다.

예수님께서 목수로서 가정생활에 충실하셨더라면 효자가 될 수는 있었겠지만, 인류의 구세주는 될 수 없습니다. 예수님은 출가하심으로써 가족과 가정, 그리고 고향과의 인연을 끊고 자유인이 됩니다. 그리고 만인을 위하여 당신 자신을 바칠 수 있게 됩니다.

예수님께서 출가하여 자유인이 되셨다고 하더라도 스스로 죽지 않았더라면 독불장군은 될 수 있었겠지만, 하늘의 뜻을 따르는 그리스도는 될 수 없습니다. 예수님은 세례를 통해서 스스로 죽음으로써 하늘의 뜻을 따르는 길을 걷습니다.

예수님께서 세례자 요한으로부터 세례를 받고 물에서 올라오시자 홀연히 하늘이 열립니다. 출가 이후 세례를 받으신 예수님은 닫힌 하늘을 여는 소명을 받습니다. 이때부터 예수님은 가정이나 가족, 고향 따위에 매달리는 삶이 아니라, 닫힌 하늘을 열어 온 인류를 하늘나라로 끌어올리는 구세주로서의 길을 걷게 됩니다.

예수님께서 세례를 받고 물에서 올라오셨을 때, 성령이 비둘기 모양으로 예수님 위에 내려옵니다. 세례 이전 예수님은 당신의 생각과 욕망을 따라 살았습니다. 세례를 받으신 후부터 예수님은 성령의 이끄심과 비추심에 따라서 살아가는 분이 됩니다.

하느님의 영인 성령의 비추심에 따라서 살기 위해서 예수님은 자신의 생각과 주장과 고집을 버려야 하고, 스스로 죽어야 합니다. 자신을 비우고 죽인 후에야 하느님의 영으로 충만할 수 있기 때문입니다.

예수님께서 세례를 받으시고 물에서 올라오셨을 때, 하늘에서 "이는 내 사랑하는 아들, 내 마음에 드는 아들이다" 하는 소리가 들려옵니다. 출가 이전 예수님은 아버지 요셉과 어머니 마리아의 사랑받는 아들이었습니다. 출가하시고 세례를 받으신 후, 예수님은 하느님으로부터 사랑받는 아들로 거듭 태어납니다. 이때부터 예수님은 사람들로부터 인정받고 박수갈채 받는 삶의 길을 버리고, 하느님의 마음에 드는 길을 걷게 됩니다. 그 길은 고난의 길이고 십자가의 길입니다.

이제 나자렛의 목수 예수는 죽고 없습니다. 요셉과 마리아의 아들 예수는 죽고 없습니다. 자연인 예수는 죽고 없습니다. 하느님 아버지로부터 사랑받는 아들 예수, 성령이 이끄시는 대로 하늘의 뜻을 따르는 예수가 있을 뿐입니다.

세례를 받으신 예수님 앞에는 온전히 다른 인생길이 열리게 되었습니다. 그 길이 예수님의 마음에 들지 않는다고 해도, 또 세상 사람들의 비위에 거슬린다 해도, 하느님의 마음에 드는 길이라면 그 길을 가기로 다짐합니다.

오늘은 예수님의 세례를 기념하는 날이지만, 우리가 받은 세례의 의미도 되새겨 보는 날입니다. 예수님께서 세례를 받으심으로써 구세주로서의 삶을 시작하셨듯이, 우리도 세례를 받음으로써 그리스도인으로서의 삶을 시작했습니다. 그리고 새로운 인생길을 걷기 시작했습니다. 세례를 받는다는 것을 천주교라는 종교 단체에 가입하기 위한 절차쯤으로 생각해서는 안 됩니다.

세례를 받고 그리스도인이 된다는 것은 과거의 나 자신으로부터 죽는다는 것을 의미합니다. 세례받기 전 우리는 이 세상에 속한 사람으로 세상이 요구하는 삶의 방식을 따라서 살았습니다. 그러나 세례를 받은 후 과거의 나는 죽었습니다. 그리고 새롭게 하느님의 자녀로 태어나서 새 삶의 길을 걷게 됩니다.

사도 바오로는 로마인들에게 보낸 편지에서 이렇게 말씀하십니다.

"그리스도 예수님과 하나 되는 세례를 받은 우리가 모두 그분의 죽음과 하나 되는 세례를 받았다는 사실을 여러분은 모릅니까? 과연 우리는 그분의 죽음과 하나 되는 세례를 통하여 그분과 함께 묻혔습니다. 그리하여 그리스도께서 아버지의 영광을 통하여 죽은 이들 가운데에서 되살아나신 것처럼, 우리도 새로운 삶을 살아가게 되었습니다."(로마 6, 3-4)

세례받기 이전의 우리 인생길과 세례를 받은 후의 우리 삶은 완전히 다른 것입니다. 세례를 통해서 우리는 스승 예수님과 함께 죽었습니다. 그리고 예수님 안에서 다시 살아난 우리는 하느님을 아버지라 부르는 하느님의 자녀가 되었습니다. 당연히 아버지 하느님의 말씀이 우리 삶의 길잡이가 되어야 합니다.

예수님께서 세례를 통해서 하느님으로부터 사랑받는 아들의 길을 걸었듯이, 우리도 하느님의 마음에 드는 인생길을 걸어야 합니다. 예수님이 하느님의 성령으로 충만하여 하늘의 뜻을 따라 구세주의 길을 걸으신 것처럼, 우리도 성령으로 충만하여 하늘의 뜻을 읽고 천명(天命)에 순응하는 인생길을 걸어야 합니다.

하느님으로부터 사랑받는 자녀가 되기 위해서, 또 하느님의 성령으로 충만하기 위해서 우리는 끊임없이 자신을 비우고 죽어야 합니다.

나를 고집하고 주장하면 나의 욕망을 충족시킬 수는 있겠지만, 하느님의 소리를 외면할 수밖에 없습니다. 나의 욕망을 따르게 되면 성령의 인도하심을 거부할 수밖에 없습니다. 그것은 세례로 거듭 태어난 신앙인의 삶의 길이 아닙니다.

스승이요 주님이신 예수님께서 세례를 받으시고 하늘의 문을 열어 놓으셨습니다. 세례를 받아서 하느님의 자녀가 된 우리가 스승 예수님께서 열어 놓으신 하늘의 문을 통해서 하느님 나라로 걸어 들어가야 할 차례입니다.

여러분이 모두 하느님으로부터 사랑받는 자녀가 되기를 바랍니다. 여러분의 나날의 삶이 하늘의 소리에 귀를 기울이는 삶이기를 바랍니다.

주님 세례 축일

- 이사야 42,1-4.6-7
- 사도행전 10,34-38
- 마태오 3,13-17

새 삶의 시작

인생살이에는 많은 굽이와 고비가 있습니다. 제가 살아온 70년 넘는 인생살이에는 많은 사건과 사고, 성공과 실패, 수많은 만남과 이별이 있었습니다. 여러분들도 저와 비슷한 인생길을 걸어왔습니다.

저는 어쩌다 보니 이곳까지 흘러와서 여러분들을 만나게 되었습니다. 이 본당 형제들과의 만남이 사제요 사목자로서 제 인생에 있어서 큰 사건이 될 수도 있을 것입니다.

곰곰이 생각해 봅니다. 제 인생살이에 있어서 저의 운명을 결정하게 된 가장 큰 사건이 무엇이었을까? 어떤 사건이 있었기에 저의 오늘이 있게 되었을까? 제 인생에 있어서 어떤 일이 있었기에 여기까지 흘러와서 여러분들을 만나게 되었을까? 어떤 사건이 발단이 되어서 이런 일이 벌어지게 된 것일까?

60여 년 전에 있었던 그 사건이 오늘 여러분들을 만나게 해준 단초가 될 것이라고 그때는 몰랐습니다. 지금 생각해 보니 60여 년 전 그 사건이 있었기에 오늘 저는 여러분들을 만나게 되었습니다.

저는 구 교우 집안 출신이 아닙니다. 6·25 한국 전쟁이 끝나고 저는 정말 배고프던 어린 시절을 보냈습니다. 한 줌의 강냉이 가루라도 더 받아먹을 요량으로 우리 가족들은 천주교회에 발을 디뎠고, 세례를 받았습니다. 그 시절, 성당에서는 강냉이 가루, 분유, 쇼트닝 기름, 각종 구제품들을 나누어 주었습니다. 성당에 다니는 사람들은 성당에 다니지 않는 사람들보다 좀 낫게 받았습니다.

초등학교 5학년, 어린 저는 세례가 무엇인지도 모르고 세례를 받았습니다. 한 줌 강냉이 가루를 더 받기 위해서, 굶주리지 않기 위해서 세례를 받았습니다. 그때 만일 제가 세례를 받지 않았더라면, 오늘 저는 여러분을 만나지 못했을 것입니다.

저만 그런 것이 아닙니다. 여러분들이 언제 세례를 받으셨는지 모르겠지만, 만일 여러분들도 세례를 받지 않았다면 오늘 이 자리에 앉아 있지 않을 것입니다. 그리고 강영구 신부를 만나지 못했을 것입니다. 여러분들이 세례를 받았기 때문에 천주교인이 되었고, 오늘 저와의 인연도 맺게 된 것입니다.

이렇게 생각하면, 저와 여러분의 인생 여정에 있어서 세례란 엄청난 사건임이 분명합니다. 어린 시절 세례가 무엇인지도 모르면서 배가 고파서 세례를 받았는데, 그 세례가 제 인생과 운명을 이렇게 송두리째 바꾸어 놓았고, 여러분까지 만나게 해준 것입니다. 저와 여러분과의 만남은 하느님께서 태초부터 계획하신 운명적인 만남입니다. 하느님 섭리의 손길이 저와 여러분을 만나게 한 것입니다.

인생살이에 우연은 없습니다. 모든 것은 필연(必然)이요 하느님 섭리입니다. 세례 사건을 통해서 저와 여러분은 운명적으로 만났지만, 중요한 것은 이 만남을 통해서 어떤 꽃을 피우고 열매를 맺는가 하는 것입니다. 당연히 저와 여러분과의 만남은 은총과 축복을 열매 맺는 아름다운 만남, 행복한 만남이 되어야 합니다. 하느님께서는 우리가 행복해지도록 이 만남을 계획하셨습니다.

만일 저가 여러분을 만났기 때문에 불행해지고, 여러분 또한 저를 만났기 때문에 불행해진다면, 차라리 만나지 않음만 못합니다. 그렇게 되면 우리를 만나게 해주신 하느님의 섭리를 저버리는 일이 됩니다. 하느님은 저나 여러분이 불행해지도록 이 만남을 섭리하시지 않았습니다. 모두가 행복해지도록 저와 여러분의 만남을 계획하셨습니다.

저와 여러분의 운명적인 만남이 행복과 은총의 꽃을 피우고 열매 맺기 위해서 어떻게 하면 좋겠습니까? 해답은 오늘 복음 말씀 안에 있습니다. 예수님께서 세례를 받으시고 물에서 올라오시자 하늘에서 이런 소리가 들려왔습니다. "이는 내가 사랑하는 아들, 내 마음에 드는 아들이다." 저도 여러분도 하느님으로부터 사랑받는 자녀, 하느님 마음에 드는 아들딸이 되면, 우리의 만남은 행복과 은총, 기쁨과 축복을 열매 맺게 됩니다.

저나 여러분은 단순히 천주교 신자가 되기 위해서 세례를 받은 것이 아닙니다. 하느님의 사랑받는 자녀가 되고, 하느님 마음에 드는 사람이 되려고 세례를 받았습니다. 세례받은 천주교 신자라고 해서 누구나 다 하느님으로부터 사랑받는 것은 아니라는 사실을 여러분은 잘 압니다. 하느님 마음에 드는 길을 걸어야만 하느님으로부터 사랑받는 자녀가 됩니다.

저와 여러분의 인생 여정에 있어서 세례가 엄청난 사건이었던 것처럼, 스승 예수님께도 세례는 엄청난 사건입니다. 세례는 예수님의 삶과 운명을 송두리째 바꾸어놓고 맙니다. 세례받기 전, 예수님은 나자렛의 목수였습니다. 그분은 하루하루 한 그릇의 밥을 벌기 위해서 이마에 땀을 흘리고 손끝이 닳도록 고달프게 일을 해야만 했던 목수 청년이었습니다. 그러나 세례를 받고 한 후 그분의 인생은 완전히 바뀌고 맙니다.

오늘 복음은 이렇게 증언합니다.

'예수님께서는 세례를 받으시고 곧 물에서 올라오셨다. 그때 그분께 하늘이 열렸다. 그분께서는 하느님의 영이 비둘기처럼 당신 위로 내려오시는 것을 보셨다. 그리고 하늘에서는 이렇게 말씀하시는 소리가 들렸다. "이는 내가 사랑하는 아들, 내 마음에 드는 아들이다."'(마태 3, 16-17)

목수 청년 예수님 앞에는 여러 가지 인생길이 열려 있었습니다. 그러나 세례를 받으신 예수님은 당신 앞에 열려 있던 그 많은 가능

성과 인생길을 완전히 포기합니다. 하느님으로부터 사랑받는 아들로서의 길, 하느님 마음에 드는 아들이 되기로 작정합니다. 예수님은 앞으로 당신 앞에 어떤 운명이 펼쳐질지 알지 못합니다. 그것이 상상을 초월하는 십자가의 길이 될지, 박수갈채와 인기, 성공과 영광의 길이 될지 알지 못합니다. 그러나 예수님은 그런 것에 관심이 있는 것이 아니라 그 길이 비록 고난과 십자가라 할지라도 아버지 하느님의 마음에 드는 길이라면 흔들리지 않는 모습으로 걷기로 작정합니다.

우리가 목수 예수님을 스승이요 주님으로 받들어 섬기는 것은 그분이 하늘의 소리에 귀를 기울이고 하느님 뜻에 순종하면서 하느님 마음에 드는 길을 걸으셨기 때문입니다.

세례를 받으신 예수님 앞에 하늘이 열리고 성령이 내려옵니다. 그렇게 열린 하늘을 통해서 예수님을 주님으로 믿는 우리도 하느님 아버지를 만납니다. 그렇게 열린 하늘을 통해서 우리도 성령의 비추심과 이끄심을 받게 됩니다.

세례를 통해서 예수께서 새로운 인생길을 걸으셨듯이, 세례를 받은 우리도 하느님의 마음에 드는 자녀, 하느님으로부터 사랑받는 아들과 딸로서의 길을 걷기로 다짐합시다.

세례를 받은 까닭에 오늘 여러분과 저의 만남이 있게 되었으므로, 이 인연이 정말 아름답고 행복한 인연이 될 수 있도록, 하늘의 소리에 귀를 기울이고 하느님 마음에 드는 길을 걷기로 다짐합시다.

연중 제 2주일
- 이사야 49,3.5-6
- 1코린토 1,1-3
- 요한 1,29-34

하느님의 어린양 예수를 증거하는 삶

복음서에서 예수님께서 유일하게 극찬하신 인물이 있습니다. 마태오 11, 11의 말씀입니다. "내가 진실로 너희에게 말한다. 여자에게서 태어난 이들 가운데 세례자 요한보다 더 큰 인물은 나오지 않았다. 그러나 하늘나라에서 가장 작은 이라도 그보다 더 크다."

예수님께서 여자에게서 태어난 사람 중에서 가장 큰 인물이 세례자 요한이라고 칭찬하신 까닭이 무엇일까요? 세례자 요한이 큰일을 하거나 위대한 업적을 남겼습니까? 세례자 요한이 시쳇말로 가방끈이 긴 일류대학 출신이거나 뛰어난 학벌을 지닌 인물입니까? 세례자 요한이 돈을 많이 벌어서 호사를 누리는 재산가입니까? 세례자 요한은 정치적인 권력이나 명예를 지닌 사람도 아닙니다.

그는 광야에서 기도와 단식 그리고 고행으로 엄격한 수행생활을 하던 수도자였습니다. 그는 요르단 강에서 세례 운동을 펼치면서 이스라엘 백성들에게 회개를 촉구합니다. 곧 새로운 시대가 도래(到來)할 것이기 때문에 그 시대를 맞을 준비를 해야 한다고 외칩니다.

당시 유대인들 사이에 그는 대단한 인기와 존경을 받는 인물입니다. 그렇지만 그는 시류에 영합하거나 인기를 유지하기 위해 백성들의 비위를 맞추는 일을 하지 않습니다. 그는 시대에 뒤진, 고지식한 수행자이자 예언자입니다.

세례자 요한은 헤로데의 애첩 헤로디아의 간계(奸計)에 빠져서 목베임을 당해 비극적인 최후를 맞이합니다.

예수님은 바로 이런 세례자 요한을 여자에게서 태어난 이들 가운데 가장 큰 인물이라고 말합니다. 그가 예수님으로부터 이런 극찬을 받는 이유는 앞서 말씀드린 바와 같이 시류에 영합하지 않는 고집스러움과 하늘의 뜻[天命]에 순명하는 수행자로의 모습 때문입니다.

오늘 우리가 들은 복음 말씀은, 세례자 요한이 남다른 눈, 즉 깨친 눈[覺眼]으로 사람을 볼 줄 아는 지혜를 지닌 인물일 뿐 아니라 시대를 읽을 줄 아는 선각자(先覺者)라는 사실을 말해주고 있습니다.

세례자 요한은 나자렛의 목수 청년 예수님이 누구인지를 꿰뚫어 봅니다. 그즈음 요르단 강에는 수많은 사람들이 세례를 받기 위해서 세례자 요한에게로 몰려옵니다. 그 무리 가운데 나자렛의 목수 청년 예수님도 끼어 있습니다. 아무도 예수님이 누구인지 몰랐습니다. 누구도 청년 예수님에 대해 관심을 기울이지 않았습니다. 예수님은 사람들로부터 관심을 받을 만한 처지에 있지도 않았습니다.

그러나 세례자 요한은 예수님이 누구인지, 앞으로 예수님으로 인해서 어떤 사건이 벌어질 것인지, 예수님으로 인해서 어떤 시대가 도래(到來)하게 될 것인지 꿰뚫어 보고 있습니다. 세례자 요한은 이렇게 증언합니다. "보라. 세상의 죄를 없애시는 하느님의 어린양이시다."(요한 1, 29) 이 짤막한 한마디 증언 안에 예수님의 모든 것이 들어있습니다.

세례를 받는 청년 예수님은 '하느님의 어린양'입니다. 우리는 지금도 미사 때마다 영성체 직전에 같은 고백을 되풀이합니다. '하느님의 어린양 세상의 죄를 없애시는 주님, 자비를 베푸소서.'하고. 한 번도 아니고 세 번씩이나 같은 고백을 합니다. 그리고 사제는 성체를 들고 이렇게 말합니다. "하느님의 어린양 세상의 죄를 없애시는 분이시니, 이 성찬에 초대받은 이는 복되도다." 그러면 여러분은 이렇게 응답합니다. "주님, 제 안에 주님을 모시기에 합당치 않사오나 한 말씀만 하소서. 제가 곧 나으리이다."

세례자 요한은 세례를 받으러 온 목수 청년 예수님이 하느님의 어린양이라는 사실을 꿰뚫어 봅니다.

아주 먼 옛날 이스라엘 백성들이 이집트를 탈출하기 전날 밤에 어린양을 잡아서 그 피를 문설주와 상인방(上引枋)에 발랐습니다. 그날 밤 하느님 권능의 손길이 온 이집트를 덮칩니다. 어린양의 피를 바른 집은 무사했지만, 피를 바르지 않은 집의 맏아들들이 모두 죽임당했을 뿐 아니라 짐승들 중에서 첫배에서 나온 새끼들까지 모두 죽었습니다. 온 이집트에 전대미문의 재앙이 들이닥치고 전국에 곡소리가 터져 나왔습니다.

그렇지만 어린양의 피를 문설주와 상인방에 발랐던 이스라엘 사람들은 무사했습니다. 이 사건이 벌어지자 이집트 왕 파라오는 이스라엘 백성들을 종살이에서 풀어 주었습니다. 이스라엘 백성들은 수백 년 동안의 종살이에서 해방되어 홍해를 건너 시나이 광야로 나왔습니다. 그리고 하느님께 감사의 제사를 올립니다. 이스라엘 백성들이 큰 재앙에서 벗어날 수 있게 된 것도, 노예살이에서 해방되어 새 삶을 누릴 수 있게 된 것도 어린양의 피 덕분입니다.

시대는 바뀌었습니다. 세례자 요한은 요르단 강에서 세례 운동을 펼치면서 백성들의 회개를 외칩니다. 그러나 온 인류가 죄와 죽음, 악과 어둠의 지배에서 해방되어 새 삶, 새 시대를 맞이하기 위해서는 세례 운동과 회개의 삶만으로는 역부족이라는 사실을 절감합니다. 그 시대의 어린양이 필요하고, 누군가 어린양이 되어 주어야 할 사람이 있어야 인류는 새 시대를 맞이할 수 있습니다.

구약시대에 이스라엘 백성들이 어린양의 피 덕분에 해방과 자유, 생명을 얻었듯이, 이 시대에도 어린양이 있어야 합니다. 세례자 요한은 나자렛의 목수 청년 예수님이 그 인물이라는 사실을 알았습니다. 그래서 그는 이렇게 증언합니다. "보라 세상의 죄를 없애시는 하느님의 어린양이시다."

세례자 요한의 증언대로 인류는 하느님의 어린양이신 예수님께서 십자가 위에서 흘리신 피 덕분에 구원을 받았고 새로운 삶을 시작할 수 있게 됩니다.

세례자 요한은 또 다른 비밀을 폭로합니다. "나는 성령께서 비둘기처럼 하늘에서 내려오시어 저분 위에 머무르시는 것을 보았다."(요한 1, 32) 나자렛의 목수 청년 예수님이 성령의 시대를 여는 인물이라고 증언합니다. 예수님께서 오시기 전에, 인류는 악령의 지배 밑에서 살았습니다. 이제 예수님으로 인해 악령은 쫓겨나고 성령의 시대가 열립니다.

세례자 요한은 시대를 읽을 수 있는 지혜와 사람을 알아보는 밝은 눈을 지닌 현자(賢者)요 예언자입니다. 그는 세상 사람들에게 예수님이 하느님의 어린양이요 성령의 시대를 여시는 구세주라는 사실을 증언합니다.

우리는 요한의 증언대로 예수님을 주님으로 믿고 고백하면서 구원을 받았고 축복 속에서 생활하고 있습니다.

우리 시대는 어느 때보다 세례자 요한과 같은 현자, 시대를 읽을 줄 아는 예언자를 필요로 합니다. 세례를 받고 예수님의 제자로 살아가는 우리는 이 시대의 세례자 요한이 되어야 할 소명을 받았습니다.

우리의 증언과 외침이 이웃과 형제들에게 감동적으로 다가가기 위해서는 우리의 삶도 세례자 요한의 삶처럼 진실해야 합니다. 예수님이 하느님의 어린양이라는 세례자 요한의 증언이 듣는 사람들의 가슴에 꽂힐 수 있었던 것은, 그의 삶이 뒷받침되었기 때문입니다.

이 시대의 세례자 요한이 되어야 할 우리들의 삶도 절제된, 검약한, 진실된, 무엇보다도 회개로 은총 충만한 삶이 되어야 합니다. 그리고 우리도 세례자 요한처럼 우리가 믿는 예수님이 하느님의 어린양이요 구세주라고 큰 소리로 증언합시다.

연중 제3주일
- 이사야 8,23-9,3
- 1코린토 1,10-13.17
- 마태오 4,12-23

빛으로 오신 예수

우리는 지금 연중 주간을 지내고 있습니다. 연중 주간 중에는 예수님 생애 중에서 특정한 사건, 예를 들면 성탄, 부활, 승천, 성령강림 등의 특별한 사건을 기념하지 않습니다. 연중 주간에는 예수님이 누구신지, 그분이 어떤 삶을 사셨는지, 그분은 어떤 가르침을 펼쳤는지, 그분을 만난 사람들은 어떻게 되었는지 등, 그러니까 예수님의 일상(日常)과 관련된 것들을 묵상합니다.

오늘 제1독서에서 예언자 이사야는 예수님을 증언합니다. 예언자 이사야는 예수님보다 약 760여 년 전에 유다에서 활동하던 예언자입니다. 그는 장차 오실 구세주 메시아에 대한 희망을 백성들에게 예고합니다. 그는 이렇게 말합니다.

"어둠 속을 걷던 백성이 큰 빛을 봅니다. 암흑의 땅에 사는 이들에게 빛이 비칩니다. 당신께서는 즐거움을 많게 하시고, 기쁨을 크게 하십니다. 사람들이 당신 앞에서 기뻐합니다."(이사야 9,1-2)

한마디로 '예수님은 빛'이라는 증언입니다. 우리는 2주 전, 주님 세례 축일을 지냈습니다. 세례자 요한으로부터 세례를 받으신 예수님은 공적인 활동을 펼치며 하느님 나라를 선포합니다. 지난 주일 복음 말씀을 통해서 예수님이야말로 세상의 죄를 없애시는 '하느님의 어린양'이라는 세례자 요한의 증언을 들었습니다. 오늘 우리는 예언자 이사야의 입을 통해서 '예수님은 빛'이라는 증언을 듣습니다.

우리는 예수님에 관하여 기록하고 있는 4권의 복음서들을 가지고 있습니다. 공관복음 共觀福音)이라고 일컬어지는 마태오, 마르코, 루카와 요한복음입니다. 예언자 이사야가 구세주 메시아는 빛으로 오시는 분이라고 증언한 것처럼, 4권의 복음서들도 예수님은 빛이라고 증언합니다.

예수님은 빛입니다. 어떤 빛입니까? 성경을 펼치면 창세기를 제일 먼저 만납니다. 창세기 1장은 하느님께서 세상을 창조하시는 이야기를 담고 있습니다. 하느님께서는 제일 먼저 빛을 만드심으로서 창조사업을 시작합니다. 창세기1,1-3은 이렇게 기록하고 있습니다.

"한처음에 하느님께서 하늘과 땅을 창조하셨다. 땅은 아직 꼴을 갖추지 못하고 비어 있었는데, 어둠이 심연을 덮고 하느님의 영이 그 물 위를 감돌고 있었다. 하느님께서 말씀하시기를 "빛이 생겨라."하시자 빛이 생겼다. 하느님께서 보시니 그 빛이 좋았다."(창세기 1, 1-3)

빛은 모든 것의 시작입니다. 빛은 혼돈과 어둠을 몰아내면서 새 세상을 만들어 갑니다. 하느님은 환한 빛 속에서 윗물과 아랫물을 갈라놓아 하늘과 땅을 만듭니다. 창공(蒼空)에는 해와 달과 별을 걸고, 땅에는 여러 가지 나무를 심습니다. 그리고 하늘에는 날짐승들, 바다에는 물고기, 땅에는 갖가지 짐승들을 살게 합니다. 마지막으로 사람을 만들어 살게 하고 그 모든 것들을 다스리도록 섭리합니다. 창세기 1장은 이렇게 끝맺습니다.

"하느님께서 보시니 손수 만드신 모든 것이 참 좋았다."(창세기 1, 31)

하느님께서는 빛 속에서 창조사업을 완성하셨고, 하느님께서 창조하신 모든 것은 조화롭고 아름다웠습니다.

상상해 보시겠습니까? 하느님께서 만드신 세상이 아무리 좋고 아름다워도 깜깜한 암흑천지라면 좋은지 어찌 알겠습니까? 암흑 속에서는 조화로움이나 아름다움은 드러날 수 없습니다. 환한 밝음과 빛 속에서만 아름다움도 진정한 아름다움이 되고 그 가치가 드러납니다. 깜깜한 암흑 속에서는 아름다움도 아름다움이 아니고 조화와 질서도 혼돈과 무질서로 뒤엉킬 뿐입니다.

오늘 여러분은 예수님 앞에 나오시기 위해, 형제님들은 깨끗하고 좋은 옷을 입고 머리를 잘 손질하고 단정한 모습으로, 자매님들은 예쁘게 화장하고 적당한 장신구도 걸치고 가장 좋은 옷으로 갈아입고 성당에 오셨습니다. 만일 성당 안이 깜깜한 암흑이라면 그러실 필요가 없습니다. 어둠 속에서 누가 어떻게 생겼는지, 화장을 했는지 안 했는지, 어떤 옷을 입었는지 알 수 없기 때문에 그냥 적당히 하고 나오시면 됩니다. 그러나 환한 빛 속에서는 그럴 수 없습니다. 모든 것이 드러나기 때문입니다. 그러니까 빛은 아름다운 것을 아름답게 하고, 있는 것을 있게 하는 근원입니다.

  여러분은 하느님께서 천지를 창조하실 때에 왜 가장 먼저 빛을 창조하셨는지 이유를 알게 되었습니다. 빛이 없으면 모든 것은 존재하지 않는 것과 같습니다.

  하느님께서는 빛 속에서 세상을 창조하신 것처럼, 빛이신 예수님으로 인류 구원 사업을 완성하십니다. 인류 구원 사업은 새로운 창조입니다. 요한 1,1이하의 말씀입니다.

  "한처음에 말씀이 계셨다. 말씀은 하느님과 함께 계셨는데 말씀은 하느님이셨다. 모든 것이 그분을 통하여 생겨났고 그분 없이 생겨난 것은 하나도 없다. 그분 안에 생명이 있었으니 그 생명은 사람들의 빛이었다. 모든 사람을 비추는 참 빛이 세상에 왔다. 그분께서 세상에 계셨고 세상이 그분을 통하여 생겨났지만 세상은 그분을 알아보지 못하였다."(요한 1, 1. 3-4. 9-10)

  참빛이신 예수님이 이 땅에 구세주로 오셔서 환한 빛을 비추시기 때문에, 생명 있는 모든 것, 생명 없는 것들, 길가의 돌멩이 하나, 이름 없는 잡초와 들꽃 하나까지도 존재의 의미와 가치를 지니게 됩니다.

  실제로 빛이신 예수님은 어둠을 몰아냅니다. 어디든지 예수님이 머무시는 곳, 예수님이 가시는 곳은 환한 밝음이 어둠을 몰아냅니다. 마귀와 악령에 사로잡혀 어둠과 고통 속에 살고 있던 사람들이 빛이신 예수님을 만나면, 마귀와 악령으로부터 해방되어 새 삶을 얻게 됩니다(마르코 1, 23). 병자들도 예수님을 만나면 나음을 받고 새 삶을 시작합니다. 열두 해 동안 하혈하던 여인(마르코 5, 25)은 어둠과 고통 속에서 살아왔습니다. 그러나 빛이신 예수님을 만나서 그 지긋지긋하던 병고에서 해방됩니다. 그녀는 환한 빛 속에서 새 삶을 시작합니다. 눈먼 거지 바르티메오(마르코 10, 46-52)도 예수님을 만나서 눈을 뜹니다. 그리고 예수님의 제자가 되어서 함께 길을 떠납니다.

복음서들은 온통 예수님이 빛이라는 사실을, 그리고 빛이신 예수님으로 인해 가난한 사람, 병든 사람, 악령 들린 사람, 나병 환자, 세리, 창녀, 죄인들이 새 삶을 누리게 된다는 사실을 증언합니다.

예수님은 요한 8, 12에서 이렇게 말씀하십니다. "나는 세상의 빛이다. 나를 따르는 이는 어둠 속을 걷지 않고 생명의 빛을 얻을 것이다."

오늘 예수님은 어부 시몬 베드로와 안드레아 형제, 야고보와 요한 형제들을 당신의 제자로 부르십니다. 그들이 능력 있거나 돈이 많거나 배운 것이 많은 인물이기 때문에 부르시는 것이 아닙니다. 보잘것없는 무지렁이 같은 인물들이지만 또 다른 빛이 되라고, 빛이신 예수님의 사업에 동참하라고 부르십니다. 그들은 모든 것을 버리고 즉각 예수님을 따라갑니다. 그들은 또 다른 빛이 되고 싶었습니다.

  오늘 우리도 빛이신 예수님으로부터 구원 은총을 받아서 환한 빛 속에서 살아가고 있습니다. 우리도 어부였던 제자들과 같이 불림 받고 있습니다. 실제로 우리는 예수님의 생명에 참여하고 있습니다. 우리가 머무는 곳이 늘 환하게 밝고, 어둠은 물러가야 합니다. 그리고 우리들의 말과 행동과 삶이 예수님은 빛이라고 증언하는 삶이 되어야 합니다.

연중 제4주일

- 스바니아 2,3;3,12-13
- 1코린토 1,26-31
- 마태오 5,1-12

여덟 개의 복 받는 그릇

우리나라는 한자(漢字) 문화권에 속합니다. 우리말의 80% 이상이 한자를 바탕으로 하고 있습니다. 따라서 한자(漢字)를 잘 알면 우리 문화를 잘 이해할 수 있습니다. 한자를 잘 알면 우리말이 지닌 깊은 의미를 쉽게 깨달을 수 있습니다.

오늘 예수님께서 참 행복 여덟 가지를 말씀하셨습니다. 그래서 한자 복(福)에 대해서 잠시 살펴볼까 합니다. 한자를 배울 때 흔히 하늘 천(天), 따지(地), 검을 현(玄), 누를 황(黃)하고 시작하는 천자문(千字文)을 배웁니다. 천자문은 한자를 배우기 위한 교과서가 아니라 중국 양(梁)나라의 주흥사(周興嗣)라는 사람이 한자 천 자를 네자씩 모아서 쓴 사언고시(四言古詩)입니다. 그러니까 네 글자씩 모아서 시(詩)를 쓴 것입니다.

천자문 안에 이런 말이 나옵니다. "화인악적(禍因惡積)하고 복연선경(福緣善慶)이라". 풀어보면, 화(禍) 즉 불행과 재난, 재앙과 근심은 악적(惡積) 즉 악이 쌓인 데서 나오고, 복(福) 즉 행복, 기쁨, 평화, 평안, 생명은 연(緣) 즉 무엇 무엇에서 시작된다. 선경(善慶) 즉 착하고 경사스럽고 아름다운 것에서 시작된다.

화인악적(禍因惡積)하고 복연선경(福緣善慶)이라는 말은 우리 인생살이에 우연이란 것은 없다는 가르침이기도 합니다. 모든 것은 필연(必然)인데, 필연이라는 말은 내가 하기 나름이라는 말입니다. 그러니까 불행과 재앙, 근심 걱정과 재난은 말할 것도 없고 행복과 성공, 기쁨과 환희도 제 하기 나름이고, 각자가 스스로 불러들인 것이지 우연히 또는 재수가 좋아서 아니면 재수가 나빠서 그렇게 되는 것은 아니라는 말입니다. 그러니까 뿌린 대로, 심은 대로 거두게 된다는 말입니다. 그러니 우리의 말 한마디, 행동 하나, 손짓 눈짓 하나 하나가 모두 복을 짓거나 불행을 불러들이는 통로가 됩니다.

어떤 사람이 남을 속이거나 사기를 쳐서 돈을 모으기 시작합니다. 당하는 사람이 모르니까 계속 사기를 치거나 남을 등쳐서 큰돈을 모아 부자가 됩니다. 그것이 복인 줄 알지만, 화인(禍因)악적(惡積) 즉 악행이 쌓이면 불행과 재앙을 불러들인다 했으니 그것이 복이 될 리는 만무합니다. 틀림없이 그것은 불행과 재앙의 시작입니다.

한편, 어떤 사람은 남모르게 착한 일을 하고 사랑을 실천합니다. 아무도 모르게 하는 그 선업과 사랑이 쌓이고 쌓여서 큰 행복과 기쁨, 성공의 바탕이 됩니다. 그것이 복연선경(福緣善慶)입니다. 우리 눈에 하느님이 보이지 않으니까, 하늘은 무심하다 할지 모릅니다. 그러나 결코 하느님은 무심하지 않을 뿐 아니라 사람들이 하는 아주 작은 일 하나도 놓치지 않고 바라보고 계십니다.

한자말 '복(福)'과 '화(禍)'는 비슷하게 생긴 한자입니다. 보일 시(示) 변의 한자인데 둘 다 하늘이 내려준다는 뜻입니다. 복(福)은 말할 것도 없고 화(禍)도 하늘이 내려주는 것입니다. 사람들은 복(福)을 받거나 화(禍)를 자초(自招)하는 일을 할 뿐입니다. 스스로 복을 만들 수도 없지만, 하늘이 내리는 화를 피할 길도 없습니다.

오늘 예수님께서는 8가지 유형의 행복한 사람을 말씀하십니다. 가난한 사람, 슬퍼하는 사람, 온유한 사람, 의로움에 주리고 목마른 사람, 자비로운 사람, 마음이 깨끗한 사람, 평화를 이루는 사람, 의로움 때문에 박해를 받는 사람이 그들입니다. 사실은 행복한 사람이라기보다 하늘이 내리는 복(福)을 받을 수 있는 여덟 개의 그릇을 말씀하신 것입니다. 복 담을 수 있는 그릇, 그것을 한자말로는 이렇습니다. 청빈(淸貧), 비애(悲哀), 온유(溫柔), 의갈(義渴), 자비(慈悲), 청정심(淸淨心), 평화(平和), 의해(義害).

가난 자체는 복이 아닙니다. 그러나 청빈한 그릇, 다시 말해서 깨끗하고 잘 비워진 그릇에는 하늘이 복을 담아줍니다. 온갖 잡동사니 쓰레기, 욕망의 쓰레기로 가득한 그릇에 하늘이 복을 담아줄 리 만무합니다.

비애(悲哀), 슬픔 자체는 복이 아닙니다. 그러나 형제와 이웃들의 가난, 슬픔, 고통을 보고, 그 가난과 고통을 마음 아파하면서 함께 가난과 고통을 나누려는 그릇에는 하늘이 복을 담아줍니다. 너는 너고, 나는 나다. 너의 가난과 고통은 나와 아무 상관없다는 심보로 자기의 이익이나 평안만을 찾는 이기적인 그릇에 어찌 하늘이 복을 담아주겠습니까?

온유(溫柔), 따뜻하고 부드러운 마음 그릇에도 하늘이 복을 담아줍니다. 날카롭고 모진 마음을 가진 사람이 하늘로부터 복을 받을 수 있겠습니까? 어림도 없지요. 하늘로부터 복을 받기 전에 자기 가슴속에 있는 그 날카롭고 모진 마음이 자신을 다치게 하고 다른 사람에게도 상처를 입히지요.

의갈(義渴), 정의에 목말라하면서 정의로운 세상을 만들기 위해서 부당한 권력과 불의에 맞서 싸우는 그릇에 하늘은 복을 담아줍니다. 그러나 불의와 타협하고 부당한 권력과 야합하면서 일신의 출세와 안일을 추구하는 사람에게 하늘이 복을 담아주겠습니까? 불의와 야합하여 부정을 저지르면 우선은 출셋길이 열리기도 하고 이익을 얻을 수도 있겠지요. 그러나 그것이 결코 복이 아니라는 것을 우리는 요즘 잘 보고 있습니다.

자비로운 마음 그릇에도 하늘이 복을 담아줍니다. 기뻐하는 사람과 함께 기뻐하고 우는 사람과 함께 우는(로마 12, 15) 것이 자비(慈悲)입니다. 자비(慈悲)는 너와 나를 구별하지 않습니다. 너의 아픔은 나의 아픔이고 너의 기쁨은 나의 기쁨입니다. 너의 배고픔은 나의 배고픔이고 너의 슬픔은 나의 슬픔입니다. 자비는 신비한 힘을 지니고 있습니다. 그래서 사랑과 행복, 기쁨은 나누면 몇 배로 커집니다. 반면에 슬픔과 고통은 나누면 작아질 뿐 아니라 치유됩니다. 자비로운 사람이 복을 받는 이유가 여기에 있습니다. 그러나 무자비한 사람은 절대로 복을 받을 수 없습니다.

루카 10, 29 이하에서 예수께서는 착한 사마리아 사람의 비유를 들려줍니다. 어떤 사제는 강도 만나 초죽음이 된 동족을 못 본 척 하고 지나가고, 레위인도 그렇게 지나갑니다. 그들은 무자비한 인간들이지요. 비록 그가 사제라도 하더라도, 레위인이라 하더라도 무자비한 그들은 결코 복을 받지 못합니다. 그러나 사마리아 사람은 강도 만난 유대인이 동족이 아니지만, 그의 아픔과 고통을 자기 것인 양 그를 치료하고 여관에 데려가서 살려냅니다. 당연히 하늘은 자비로운 사마리아인에게 복을 내려줍니다.

청정심(清淨心), 맑고 밝고 향기롭고 깨끗한 마음 그릇에도 하늘이 복을 담아줍니다. 그 맑고 밝고 향기로운 마음이 주변을 환하고 밝게 그리고 향기롭게 만들지요. 당연히 복을 받아야지요. 그러나 구리고 음흉한 마음, 미움과 증오, 시기와 질투와 분노로 가득한 마음을 가진 사람은 주변을 구리게 만들고 어둡게 만들 뿐 아니라 분열과 싸움을 일으키지요. 이런 마음 그릇에 하늘이 복을 내려주겠습니까?

평화를 이루는 사람도 복을 받습니다. 흥정은 붙이고 싸움은 말리라는 옛말대로 평화를 이루는 사람은 싸움과 분열, 증오와 다툼으로 상처 난 곳을 평화로 치유합니다. 그리스도인은 평화를 이루는 사람이어야 합니다.

예수님은 십자가에 매달려서 하늘과 땅을, 너와 나를 하나로 이어주십니다. 이렇게 평화와 화해를 이루는 분을 우리는 스승이요 주님이라 받들어 섬깁니다. 우리가 예수님의 제자라면, 당연히 평화를 이루어 하늘이 내리는 복을 받아야 합니다. 가는 곳마다 판 깨고, 남의 호박에 말뚝 박고, 다 된 밥에 재 뿌리고, 자빠진 놈 못 일어나게 짓밟는 사람은 복 받을 수 없습니다. 하느님은, 하늘은 절대로 무심하지 않고 그릇에 따라서 복을 담아줍니다.

  우리 가슴을 내려다봅시다. 내 마음 그릇은 복 담을 그릇인지, 온갖 쓰레기로 가득한 그릇인지 살펴봅시다.

연중 제 5주일
- 이사야 58,7-10
- 1 코린토 2,1-5
- 마태오 5,13-16

빛과 소금

 오늘 예수님께서는 당신의 제자인 우리들에게 참으로 엄중한 두 가지 소명을 부여합니다. "너희는 세상의 소금이다. 너희는 세상의 빛이다." 소금이 되고 빛이 되라는 부르심입니다. 예수님의 이 엄중한 부르심에 우리는 그분의 제자답게 "예, 그렇게 하겠습니다." 하고 대답해야 합니다. 대답만 할 것이 아니라 정말 참 소금, 참 빛[光鹽]이 되어야 합니다.

 먼저 소금에 대해서 묵상하겠습니다. 소금이 내는 짠맛은 모든 맛의 바탕입니다. 오미(五味: 酸, 辛, 苦, 鹽, 甘)의 바탕도 짠맛입니다. 간이 맞지 않으면 어떤 맛도 제맛을 내지 못합니다. 주부들은 잘 압니다. 단맛도 간이 맞아야 제맛을 낸다는 사실을.

 요즘은 소금이 귀한 줄 모르고 삽니다. 그러나 옛날, 소금이 정부의 전매품(專賣品)이었던 시절이 있었습니다. 그만큼 소금은 귀중한 것이었습니다. 사람들은 금이 값진 금속이라고 생각하지만, 일상생활을 하는데 금덩이는 없어도 전혀 불편함이 없습니다. 그러나 소금이 없으면 당장 불편하기 짝이 없습니다. 이 고장 통영은 해산물이 많이 납니다. 만일 통영에 소금이 바닥났다고 가정해 보십시오. 상상할 수 없는 대란이 벌어질 것입니다. 소금은 금덩이처럼 비싼 것은 아니지만 한순간도 없으면 안 되는 소중한 자산입니다.

소금은 모든 음식에 스며들어서 맛을 냅니다. 사실 음식 속에 소금이 있는지 없는지 모르지만 맛을 보면 소금이 들어갔다는 사실을 알게 됩니다. 소금이 들어가지 않은 생선이나 음식은 금방 상합니다. 그러나 소금이 들어간 생선이나 음식은 오랫동안 보관할 수 있습니다. 소금은 우리 일상생활과 이토록 밀접한 관계가 있습니다.

소금의 특징을 따져보면 첫째로 제맛을 낸다는 것, 둘째로 음식물을 오랫동안 보관할 수 있는 방부제의 역할을 한다는 점입니다. 그래서 없으면 안 되는 것이 소금입니다.

오늘 예수님은 소금은 제맛을 내야 한다고 말씀하십니다. 소금이 제맛을 내려면 녹아서 스며들고 제 모습을 감추고 사라져야 합니다. 그러니까 음식 안에 스며들어서 음식과 하나가 되어야 한다는 말씀입니다.

녹지 않는 소금은 짠맛을 낼 수 없을 뿐 아니라, 모래알처럼 씹히면서 음식 맛을 망치게 됩니다. 그러니 내버릴 수밖에 없습니다.

이제 예수님께서 왜 우리가 소금이 되어야 한다고 말씀하셨는지 잘 알게 되었습니다. 문제는 소금이 무엇이고 어떻게 맛을 내는지 따위를 아는 것이 아니라, 소금처럼 살아야 한다는 점입니다. 아무리 소금에 대한 지식이 많아도 소금처럼 살지 않는다면, 그 지식이 구원을 주지 못합니다. 소금이 되는 것은 지식이 아니라 삶입니다.

나는 우리 가정에서 소금처럼 없어서는 안 되는 존재인가? 나는 우리 직장이나 일터에 꼭 있어야 하는 존재인가? 나는 우리 사회에 꼭 있어야 하는 존재인가? 나는 교회 안에 꼭 있어야 하는 존재인가? 하고 스스로 물어보기 바랍니다. 그렇다면 무엇 때문에 꼭 있어야 하는 존재입니까?

우리는 지금 기능주의(機能主義) 사회에 살고 있습니다. 그래서 내가 우리 사회에 꼭 필요한 존재가 되기 위해서는 기술이나 지식, 재능이나 재주, 돈이나 하다못해 완력(腕力)이라도 있어야 한다고 생각하기 십상입니다. 그렇지만 스승 예수님께서는 우리에게 이런 기능주의적 재능이나 지식 따위를 요구하지 않습니다. 재능이나 재주, 기술로 치자면 로봇이 사람보다 훨씬 뛰어납니다. 그렇지만 로봇은 따뜻한 가슴이 없는 쇳덩이요 기계에 지나지 않습니다. 재능과 기술이 아무리 뛰어나도, 돈이 아무리 많아도, 학식이나 지식에 출중한 사람일지라도 따뜻한 가슴이 없다면 로봇과 다를 바 없고, 그런 사람이 소금의 역할을 할 수는 없습니다.

예수님은 우리가 사랑하는 사람이 되기를 요구합니다. 예수님은 우리가 따뜻한 가슴으로 가족과 이웃들을 품어주기를 바랍니다. 예수님은 우리가 겸손하게 자신을 낮추어서 형제들을 섬기는 사람이 되라 하십니다. 예수님은 우리가 형제들 안에 소금처럼 녹아들어서 너와 나를 구별하지 않는 사랑을 실천하라고 요구하십니다.

스스로의 힘으로는 아무것도 할 수 없는 장애인도 소금이 될 수 있는 이유가 여기에 있습니다. 아무것도 할 능력이 없지만 샛별처럼 반짝이는 아기들의 눈을 보면 우리는 행복해집니다. 초라하게 늙어서 쪼그라진 할머니 할아버지들이지만, 그분들의 이마에 새겨진 주름살과 거친 손길 안에서 우리는 따뜻한 고향을 만납니다.

음식 속에 녹아 들어간 소금은 보이지 않습니다. 존재 자체는 보이지 않지만 음식의 제맛을 내는 것처럼, 예수님의 제자인 우리도 가정과 직장, 사회와 교회 안에서 뜨거운 사랑으로 스스로 녹아 없어져 버리는 존재가 됩시다.

자기 존재를 과시하기 위해서 자신이 지닌 지위와 재능, 돈과 지식을 자랑하면서 꼿꼿하게 고개 쳐들고 사는 사람들은 녹지 않는 소금 같은 존재입니다.

오늘 예수님께서는 우리에게 빛이 되라고 하십니다. 빛이 된다는 것은 무엇이며, 누가 빛이 될 수 있습니까? 사실상 빛이 되라는 예수님의 초대는 소금이 되라는 초대와 다르지 않습니다. 녹아 없어져서 음식에 맛을 내는 사람, 음식이 썩지 않도록 음식에 스며들어 음식과 하나가 되는 사람이 빛이 될 수 있습니다.

여기 제대 위에 빛을 내고 있는 초들을 보십시오. 자기를 태움으로써 이 초는 빛을 냅니다. 아무리 어둠이 짙어도 초가 자신을 태워서 밝게 빛을 내면 어둠은 물러갑니다. 한편, 아무리 많은 초가 있다 할지라도 스스로를 태우지 않으면 어떤 빛도 낼 수 없고 어둠도 물러가지 않습니다. 초는 자기를 태움으로서 빛을 내게 되고, 어둠을 물러가게 합니다. 초가 존재함으로써만 빛을 내는 것이 아닙니다. 소금이 녹아 음식 속으로 스며들어야 맛을 내는 것과 같은 이치로, 초도 스스로를 태움으로써 빛을 냅니다.

소금이 자기 자신을 위해서 녹아 없어지는 것이 아닌 것처럼, 초도 자기를 위해서 불타지 않습니다. 빛을 내면서 불타는 초는 서서히 작아져서 끝내 없어지고 맙니다. 자기는 없어지지만 주변을 환하게 밝히고 행복하게 만듭니다. 우리가 스승 예수님의 가르침과 모범을 따라서 사랑과 자비로 우리를 태우면, 우리 주변은 환하게 밝아지고 어둠은 물러갑니다.

지금 우리가 살고 있는 현실은 그렇게 밝지 않습니다. 옛날에 비해 우리는 물질적으로 풍요롭고 경제적으로 여유 있을 뿐 아니라, 첨단과학 기술의 발달로 편리하고 안락한 생활을 하고 있습니다. 온 국민이 크고 비싼 집에, 고급 차를 타면서, 잘 먹고 잘 입고 편하게 살기를 바라면서, 그것이 행복인 줄 알지만 그렇지 않습니다. 우리나라는 OECD(경제개발협력기구)소속 37개국 중에서 행복지수 28위, 자살률 1위, 출산기피 1위인 나라입니다. 많은 사람들이 스스로 살기를 포기하고, 젊은이들이 아이 낳기를 기피하는 이유가 어디에 있습니까? 우리 사회가 행복하고 살맛 나는 세상이라면 그럴 이유가 없습니다. 우리 사회가 살맛 나는 세상, 밝은 세상이 아니라는 증거입니다. 행복한 사회가 아니라는 증거입니다. 경제성장, 돈이나 재물, 과학기술이 우리 사회를 살맛 나게 하고 밝고 환하게 만드는 것이 아니라는 사실이 드러난 것입니다.

　진정 우리를 행복하게 해주는 것은 사랑입니다. 따뜻한 가슴으로 서로를 품어주고, 서로의 허물과 약점을 너그럽고 부드러운 손으로 어루만져 용서하고 치유하는 것, 가진 것을 나누며 함께 배부르게 되는 것이야말로 우리를 행복하게 합니다. 우리가 허물과 약점이 많은 나약한 사람들이기는 하지만 서로 부축하고 어깨동무하여 함께 인생 여정을 걸어가는 것이 행복입니다. 이것이 사랑이고, 이렇게 사랑하는 사람이 소금과 빛의 소명을 다하는 사람입니다.

　우리는 예수님으로부터 소금과 빛의 소명을 받았습니다. 사랑함으로써 나도 행복해지고 너도 행복해지고 모두 함께 행복해지기를 진심으로 기원합니다.

연중 제 6주일

- 집회서 15,15-20
- 1코린토 2,6-10
- 마태오 5,17-37

세심(洗心), 수심(修心)

우리는 매일 세수(洗手)를 하고 거울 앞에 서서 자신의 모습을 비추어 봅니다. 매일 습관적으로 되풀이하는 일이기 때문에 별생각 없이 자기 모습을 봅니다. 그렇지만 오늘 이후, 제 강론을 들으신 이후부터는 거울 앞에 서서 자신의 얼굴이나 옷 따위 겉모습만 보시지 말고, 마음과 영혼까지도 비춰보시기를 권합니다.

물론 거울 앞에 서서 자신의 모습을 비추어본다고 마음과 영혼이 보일 리 만무합니다. 당연히 거울을 통해서는 보이지 않습니다. 그렇지만 누구든지 자신의 가슴속에는 마음 거울이 있습니다. 그리고 그 마음의 거울로 영혼의 모습을 비춰볼 수 있습니다.

대부분 사람들은 거울이 더러워지면 깨끗이 닦습니다. 그래야 자신의 모습을 잘 비춰볼 수 있습니다. 그러나 마음의 거울은 눈에 보이지 않는다는 이유로 더러워져도 잘 닦지 않습니다. 더러운 거울, 때가 낀 거울로 자기 모습을 밝게 비추어볼 수 없는 것처럼, 마음의 거울도 더러워지면 영혼의 모습을 잘 볼 수 없습니다.

우리는 거울 앞에 서서 자신의 모습을 비추어보면서 얼굴에 무엇이 묻어있지는 않은지, 화장이 잘못되어서 이상한 모습이 아닌지, 또는 옷을 바르고 단정하게 입었는지를 확인합니다. 그리고 때 묻은 곳이나 잘못된 곳이 있으면 그 자리에서 고치고 옷매무시도 바르고 단정하게 합니다. 다른 사람들 앞에 부끄러운 모습을 보이지 않기 위해서입니다.

오늘 예수님의 가르침에 따르면 정말 중요한 것은 겉으로 드러나는 모습이 아니라 속마음입니다. 모든 것은 속마음에서부터 시작되기 때문입니다. 겉으로 드러나 보이기는 우락부락 폭력배 같지만, 속마음은 천사 같은 사람이 있습니다. 이런 사람은 겉보기는 나쁜 짓을 할 것 같지만, 속마음이 아름답고 부드럽기 때문에 남을 기쁘게 하는 일, 이웃을 행복하게 하는 일을 합니다.

한편, 겉모습은 그럴 듯 하지만 속마음은 표독하고 이기적인 사람은 겉모습과 달리 이웃이 몸서리치는 일을 태연하게 할 수 있습니다.

얼마 전, 성남시 판교주민센터에서 난동을 부렸던 모 정당 소속 여성 시의원이 있습니다. 그녀는 곱상하고 예쁘장하게 생겼습니다. 그렇지만 그녀는 판교주민센터에서 공공근로자로 일하는 아가씨가 자기를 못 알아본다고 신발을 벗어던지고 젊은 아가씨 머리채를 잡아채는 등 난동을 부렸습니다. 시의원이기는 하지만, 어찌 그렇게 행동할 수 있는지 정말 놀랄 따름입니다. 결국 그녀의 어머니가 피해자 집에 가서 딸을 잘못 가르쳐 그렇게 됐으니 용서해 달라고 무릎 꿇고 빌어서 고소를 취하하게 하였습니다. 이 사건을 보면서 사회적인 지위도, 예쁘장한 얼굴 모습도 우리가 살고 있는 세상을 아름답고 평화롭게 만들지 못한다는 사실을 깨닫게 됩니다.

오늘 예수님께서 이렇게 말씀하십니다.

살인해서는 안 된다. 살인하는 자는 재판에 넘겨진다. 그러나 나는 너희에게 말한다. 자기 형제에게 성을 내는 자는 누구나 재판에 넘겨진다.

사람을 죽이는 행동은 어디에서 출발합니까? 마음에서 출발합니다. 누구를 미워하고 증오하는 것은 가슴속에 비수을 품고 있는 것과 같습니다. 그 비수가 가슴 밖으로 나오면 그것이 결국은 살인으로 이어집니다. 그러니 손에 칼이나 몽둥이 따위를 들지 않아야 하지만, 무엇보다 가슴속에 감추어 둔 미움과 증오의 칼을 없애야 합니다. 미움과 증오, 원망과 원한의 칼을 가슴속에 품고 있는 사람은 언제든지 이웃과 형제를 죽이거나 상처를 줄 가능성이 있습니다.

꼭같은 칼이라도 가족을 사랑하는 주부의 손에 들린 칼은 맛있는 요리를 할 수 있는 도구가 됩니다. 환자를 사랑하는 외과 의사의 손에 들린 칼은 죽어 가는 생명을 살릴 수 있습니다. 그렇지만 미움과 증오, 원망과 원한을 품고 있는 사람은 손에 칼을 들지 않아도 다른 사람을 죽일 수 있습니다.

우리가 어떻게 마음을 가꾸고 가다듬어야 하겠습니까? 우리 마음을 예수님의 마음과 같은 마음으로 가꾸는 것이 정답입니다. 예수님의 마음을 우리는 대자대비심이라 합니다. 우리 마음도 대자대비심으로 가꾸어야 합니다.

예수님은 또 말씀하십니다.

간음해서는 안 된다. 그러나 나는 너희에게 말한다. 음욕을 품고 여자를 바라보는 자는 누구나 이미 마음으로 그 여자를 간음한 것이다.

최근 들어서 우리 사회의 성폭력 문제는 심각합니다. 간음도 문제이지만 어린이 성폭행은 더욱 큰 문제입니다. 성폭행을 당한 어린이 이야기를 이 자리에서 일일이 할 필요가 없습니다. 성폭력으로 어린 생명들의 인생을 망쳐놓는 것은 용서받을 수 없는 죄악입니다.

한국 사회는 성폭력을 방지하기 위해서 강력한 법적 방법을 강구하고 있습니다. 전자팔찌를 채운다든지, 약물을 투여해서 화학적으로 거세를 한다든지, 성폭력을 한 사람의 신상정보를 만천하에 공개한다든지 여러 가지 방법을 강구합니다. 그렇다고 해서 성폭력이 없어지거나 줄어든다면 좋겠지만, 현실은 반대입니다. 우리 사회 성질서의 문란은 도가 넘어 다 함께 망할 지경에 이르렀습니다.

예수님 가르침대로 우리 각자의 마음을 정결하고 아름답게 가꾸기 전에는 이 문제가 해결될 수 없습니다. 음욕으로 가득한 음탕한 마음이 밖으로 나오면, 간음이 되고 성폭력이 됩니다. 겉으로 예쁘게 화장하고 온갖 보석으로 치장을 한다고 해서 우리 주변이 밝고 환하게 바뀌지 않습니다. 정결하고 맑고 밝은 마음에서 맑고 깨끗하고 향기로운 기운이 풍겨 나와야 우리 주변은 아름답고 맑은 곳이 됩니다.

예수님께서는, 거짓 맹세를 해서는 안 된다. '예'할 것은 '예'하고 '아니요'할 것은 '아니요'라고만 하라고 말씀하십니다. 우리 입에서 나오는 말은 입에서 나오는 것이 아니라 가슴에서 나옵니다. '아니요' 할 것도 '예'하고, '예'할 것도 '아니요'하는 까닭이 어디에 있습니까? 마음속에 거짓이 가득한 사람, 온갖 탐욕과 시기 질투심이 가득한 사람은 가슴속에 든 것들이 거짓, 탐욕, 시기 질투심이기 때문에 그것밖에 내놓을 것이 없습니다. 그러니 '예'할 것도 '아니요'하고 '아니요'할 것도 '예' 해서 많은 사람들을 속이고 그릇된 길로 이끌게 됩니다.

우리 마음을 밝고 향기롭게, 맑고 아름답게 가꾸어서, 우리가 입을 열 때마다 그 밝음과 향기로움, 그 맑음과 아름다움이 쏟아져 나온다면, 이 세상은 아름답고 향기로운 세상, 살맛 나는 행복한 곳이 됩니다.

그런데 입만 벌렸다 하면 욕지거리와 거짓말, 이웃과 형제를 헐뜯고 끌어내리는 험담과 모함, 이웃과 형제 사이를 갈라놓는 이간질을 일삼는다면 우리 세상은 지옥이 되고 맙니다.

불가(佛家)에서 전해 내려오는 화두(話頭) 중에 '일체유심조(一切唯心造)'라는 말이 있습니다. 모든 것은 마음에서 출발하고 마음에서 만들어진다는 가르침입니다. 마음을 크게 가지면 온 우주를 담을 수 있지만, 옹졸한 마음을 먹으면 바늘 하나 꽂을 자리가 없습니다.

천국과 지옥이 먼 곳에 따로 있는 줄 알지만, 사실은 우리 마음속에 천국도 있고 지옥도 있습니다.

오늘 제1독서 집회서의 말씀은 우리에게 어떻게 할 것인지 결단을 내릴 것을 촉구합니다.

"그분께서 내 앞에 물과 불을 놓으셨으니 손을 뻗어 원하는 대로 선택하여라. 사람 앞에는 생명과 죽음이 있으니 어느 것이나 바라는 대로 받으리라."(집회 15, 16-17)

우리 앞에 분명한 두 길이 열려 있습니다. 맑고 밝고 가난한 마음으로 생명과 천국을 누릴 것인지, 어둡고 탐욕스럽고 거짓으로 가득한 마음으로 죽음과 지옥을 살 것인지 스스로 선택해야 합니다. 세심(洗心), 마음을 깨끗하게 닦는 일과 수심(修心), 마음을 갈고 닦는 일을 게을리하지 않기를 기도합니다.

연중 제 7주일
- 레위기 19,1-2.17-18
- 1코린토 3,16-23
- 마태오 5,38-48

예수님을 닮은 사람 되기

그리스도인들의 궁극적인 목표는 하느님 나라를 누리는 것입니다. 하느님 나라를 누리기 위해서는 하느님 생명에 들어가야 하고, 하느님과 하나가 되어야 합니다. 다른 말로 하자면 우리가 또 다른 하느님이 되어야 합니다. 우리는 또 다른 하느님이 되기 위해서 신앙생활을 하고 있습니다.

도대체 우리가 어떻게 하느님이 될 수 있느냐고, 천사도 될 수 없는 처지인데 어떻게 감히 하느님이 되겠느냐고 묻고 싶지요.

저도 여러분들에게 묻습니다. 여러분은 무엇을 위해서 천주교 신자가 되었고 왜 신앙생활을 합니까? 성당에 오시면 돈이 생깁니까? 밥이 생깁니까? 하느님이 여러분들에게 운수대통(運數大通)이나 무병장수(無病長壽)를 약속하십니까? 아니면 출셋길을 열어주십니까? 아니면 죽어서 천국이나 천당에 가기 위해서 신앙생활을 합니까? 저는 죽어보지 않아서 천국이 있는지 없는지도 모르겠습니다.

하지만 분명하게 말씀드릴 수 있는 것은 여러분이 하느님이 되면, 천국이 없어도 천국을 누리게 됩니다. 여러분이 하느님이 되면 지금 여기서도 하느님 나라를 누리게 되고 죽어서도 하느님 나라를 누리게 됩니다.

그렇다면 하느님이 되어서 하느님 생명에 참여할 수 있는 길이 있습니까? 물론 있습니다. 우리 스승이요 주님이신 예수님을 닮으면 됩니다. 예수님은 우리와 같은 평범한 한 인간입니다. 나자렛의 목수 출신 예수님이 하느님의 아들이 되었다면 우리가 하느님의 아들이 되지 못할 이유가 없습니다.

불자(佛子)들은 견성성불(見性成佛)하는 것이 목표입니다. 견성(見性)한다는 것은 깨달음을 얻는다는 것을 말합니다. 성불(成佛)한다는 것은 부처가 되는 것을 말합니다. 불자들이 깨달음을 얻어서 부처가 될 수 있다면, 그리스도인들이 예수님을 닮아서 하느님의 아들이 되지 못할 이유가 없습니다.

불자들이 견성(見性), 즉 깨달음을 얻어서 부처가 된다면, 천주교인들은 어떻게 하느님의 아들, 또 다른 예수, 또 다른 하느님이 될 수 있습니까? 그 길이 무엇입니까? 우리도 불자들처럼 견성, 깨달음을 얻으면 하느님이 될 수 있습니까? 우리는 깨달음을 얻어서 하느님이 될 수 있는 것이 아닙니다. 우리는 사랑함으로써 하느님이 될 수 있습니다.

예수님께서는 이렇게 말씀하십니다. "하늘의 너희 아버지께서 완전하신 것처럼, 너희도 완전한 사람이 되어야 한다."(마태 5, 48) 하늘의 아버지께서 완전하신 것처럼 완전한 사람이 된다는 말이 무슨 뜻입니까? 완전하게 된다는 것은 티도 흠도 없는 사람, 천사 같은 사람, 완벽(完璧)한 사람이 된다는 말입니까? 아니면 초능력자나 슈퍼맨이 된다는 말입니까? 어림없습니다. 우리는 결코 그렇게 될 수 없습니다.

그렇다면 어떻게 완전하게 될 수 있습니까? 완전하게 된다는 것은 하늘 아버지처럼 사랑하는 사람이 된다는 것을 말합니다. 사도 요한은 요한의 첫째 편지 4,16에서 이렇게 말씀하십니다. "하느님은 사랑이십니다. 사랑 안에 머무르는 사람은 하느님 안에 머무르고 하느님께서도 그 사람 안에 머무르십니다."

불자(佛子)들은 견성(見性), 깨달음을 얻어서 성불(成佛), 부처가 되지만, 천주교인들은 사랑함으로써 사랑이신 하느님 안에 머무르고 또 다른 하느님이 됩니다. 사랑하는 사람은 하느님의 생명에 참여하고, 하느님의 아들이 됩니다. 사랑하기는 인간적인 약점과 나약함, 또 죄 많음을 뛰어넘어서 완전한 사람이 되는 길입니다. 사랑은 불가능이 없습니다. 하느님은 사랑이시기 때문입니다.

사랑은 막연한 것이 아닙니다. 구체적으로 어떻게 사랑해야 하는지 생각해볼 차례입니다. 그 해답은 예수님처럼 사랑하라는 것입니다. 예수님께서 사랑하는 방법은 오른뺨을 치면 왼뺨을 돌려대는 식입니다. 원수를 앙갚음으로 복수하는 것이 아니라, 반대로 용서하고 품어주고 사랑하는 식입니다. 예수님은 십자가 위에서마저도 이렇게 기도합니다. "아버지, 저들을 용서해 주십시오. 저들은 자기들이 무슨 일을 하는지 모릅니다."(루카 23, 34) 예수님은 이런 식으로 사랑해서 하느님의 아들이 되셨고, 우리의 스승이요 주님이 되셨습니다.

　차돌과 차돌이 부딪치면 어떤 일이 벌어지겠습니까? 둘 다 깨어지고 상처받습니다. 원수를 앙갚음한다는 것은 차돌과 차돌이 서로 부딪치는 것과 같습니다. 그 끝장은 둘 다 함께 망하는 것입니다. 여기에 지옥이 있고, 죽음이 있습니다. 서로 앙갚음하는 복수의 악순환은 모두를 망하게 한 다음에야 멈추게 됩니다.

　그러나 차돌과 솜뭉치가 부딪치면 어떻게 될까요? 아무도 다치지 않습니다. 그러면 누가 이깁니까? 차돌이 이깁니까? 솜뭉치가 이깁니까? 여기에 이기고 짐이 없습니다. 솜뭉치는 품어주고 차돌은 안기는 현상만 있을 뿐입니다. 여기에 천국이 있습니다. 여기에 생명이 있고 부활이 있습니다.

　요한복음 8장에는 간음하다가 현장에서 붙잡혀 온 여인 이야기가 나옵니다. 율법학자들과 바리사이파 사람들이 그 여인을 치려고 손에 돌멩이를 움켜쥐고 있었습니다. 예수님은 돌로 치려는 그들에게 이렇게 말씀하십니다. "죄 없는 자가 먼저 돌을 던져라." 그러자 아무도 감히 그 여자를 향해 돌을 던지지 못합니다. 결국 그 여인은 살아나고 돌멩이를 던지려던 그들도 자기 모습을 정직하게 바라보는 눈을 가지게 됩니다.

　돌멩이를 던지면 여인은 고통스럽게 죽습니다. 동시에 돌멩이를 던지는 사람들도 사람을 죽이는 살인자가 될 뿐 아니라 자기 자신마저도 속이게 됩니다. 여기에 지옥이 있습니다. 다행히 아무도 돌을 던지지 않았기 때문에 여인은 살아나서 개과천선 새 삶을 살게 됩니다. 여인을 고발하던 사람들도 자기들도 죄인이라는 사실을 깨닫게 되어 새 삶을 시작할 수 있게 됩니다. 여기에 천국이 있고 생명과 되살아남, 즉 부활이 있습니다.

예수님은 또 이렇게 말씀하십니다. "그분께서는 악인에게나 선인에게나 당신의 해가 떠오르게 하시고, 의로운 이에게나 불의한 이에게나 비를 내려 주신다."(마태 5, 45)

하느님께서는 그 누구도 차별하지 않고 당신의 큰 사랑을 베풀어 주십니다. 선인이니 악인이니, 의로운 사람이니 불의한 사람이니, 좋은 사람이니 나쁜 사람이니, 이웃이니 원수니 따위의 분별은 속 좁은 인간들의 판단이지 하느님 앞에서는 아무 의미가 없습니다.

선인도 타락하며 악인이 되고, 악인도 회개하면 선인이 됩니다. 의로운 사람도 부정을 저지르면 불의한 사람이 되고, 불의한 사람도 잘못을 뉘우치고 정의를 실천하면 의로운 사람이 됩니다. 부모 자식 간에도 원수처럼 으르렁대며 사는 사람도 있고, 생면부지 남남도 친형제보다 더 가깝게 지낼 수도 있습니다.

원수니 나쁜 놈이니 분별하면서 누구를 증오하거나 미워한다는 것은 어리석음입니다. 좋은 사람이니 나쁜 놈이니 하고 분별지(分別智)에 빠져서 누구를 미워하고 증오하면 내가 먼저 괴롭습니다.

서로 사랑하면서 살아도 짧은 인생인데, 미워하고 증오하면서 지옥을 산다는 것은 정말 어리석고 바보 같은 노릇이지요.

　우리는 하느님이 되어야 합니다. 사랑하면 하느님 안에 머물고 하느님도 우리 안에 머무시게 되어 우리도 하느님이 됩니다. 원수를 사랑하는 일이 불가능하다고 말하지 마십시오. 사랑하기만 하면 원수도 친구로 바뀝니다. 사랑하지 않기 때문에 원수가 원수로 남아있는 것이지, 사랑하면 원수도 친구나 은인으로 바뀝니다. 사랑하면 지옥도 천국으로 바뀝니다. 여러분들 가슴속에서 쓰레기 같은 욕망을 버리고, 미움과 증오를 버리고 사랑하는 사람이 되십시오. 여러분은 사랑이신 하느님 안에 머물면, 끝내 여러분은 하느님이 될 것입니다.

연중 제 8주일

- 이사야 49,14-15
- 1코린토 4,1-5
- 마태오 6,24-34

눈을 뜨고 하느님을 만나라

오늘 복음 말씀을 들으시면서 여러분들은 어떤 생각을 하셨습니까? 옛날 저의 학창 시절 성서신학을 가르쳐주신 스승이신 서인석 신부님께서는 예수님은 시인(詩人)이라 하셨습니다. 시인은 보통 사람들과는 다른 눈을 가지고 세상과 자연, 사람과 사물을 바라봅니다. 시인은 눈에 보이는 것만 보는 것이 아니라 눈에 보이지 않는 것도 봅니다. 평범한 사람들이 보지 못하는 것까지도 봅니다. 시인은 눈에는 보이지 않는 하느님의 손길도 봅니다. 그리고 그것들을 노래합니다.

어떤 시(詩)를 읊으면, 눈물이 날 정도로 감동적이어서 나도 시인이 되고 싶다는 생각이 듭니다. 그런데 우리의 스승이요 주님이신 예수님은 문학청년도 아니고, 신춘문예 같은 시인 등용문을 통해서 등단한 분도 아닌데, 누구보다도 아름다운 시를 우리에게 들려줍니다. 오늘의 복음 말씀은 한 편의 시입니다.

예수님은 무엇을 먹을까, 무엇을 마실까, 무엇을 입을까 염려하고 걱정하면서 쪼잔한 일상에 파묻혀 초라한 모습으로 살아가고 있는 우리에게 눈을 들어 하늘에 나는 새를 보라고 말씀하십니다.

하늘에 나는 새들은 왜 저렇게 춤을 추듯 자유롭게 날아다닐 수 있습니까? 저 새들이 무엇을 먹을까, 무엇을 마실까 하고 걱정한다면 저렇게 자유롭게 하늘을 날아다닐 수 있습니까? 저 새들이 무엇을 입을까, 어디에서 잠을 자야 할까 하고 걱정을 한다면 저렇게 아름다운 소리로 재잘거리면서 노래할 수 있겠습니까?

새들은 씨를 뿌리지도 않고, 곳간에 모아들이지도 않습니다. 그럼에도 불구하고 자유롭게 하늘을 날면서 춤을 추고, 아름다운 소리로 노래합니다. 대자대비하신 하느님 아버지의 큰 사랑을 믿고 있기 때문입니다.

들에 핀 나리꽃은 말할 것도 없고, 길섶의 잡초들도 때가 되면 아름답고 향기로운 꽃을 피우고 자신의 아름다움을 뽐내고 자랑합니다. 내일이면 시들어서 아궁이에 던져지거나 사람들의 발길에 밟히고 말 들풀까지도 하느님께서는 큰 사랑의 손길로 어루만져줍니다. 그렇지 않다면 어떻게 들풀들이 그토록 향기롭고 아름다운 꽃을 자랑할 수 있겠습니까?

하느님의 큰 사랑은 씨를 뿌리지도 곳간에 쌓지도 않는 새들을 억만금을 쌓아 놓은 부자보다 더 여유 있고 풍요롭게 합니다. 하느님 사랑의 손길은 오늘 피었다가 내일 아궁이에 던져질 들풀도 온갖 부귀영화를 누린 솔로몬보다 더 아름답게 입힙니다.

태산처럼 쌓아 놓고도 모자라서 남을 등쳐먹거나 사기 치거나 훔치거나 빼앗아서 더 많이 가지려고 아등바등하는 탐욕스러운 인간들보다 하늘을 나는 저 새들이 훨씬 더 행복하고 부유한 이유가 무엇입니까? 옷장에 유행 따라 철 따라 입을 옷을 갖추어 놓고도 어떻게 하면 명품 옷이나 더 값비싼 옷을 입을까, 다른 사람들에게 더 잘 보이려는 옷을 입을 수 있을까 염려하는 어리석은 인간들보다 길가의 들풀들이 더 아름답고 향기로운 이유가 어디에 있습니까?

새들과 들풀들은 하느님의 큰 사랑 안에 머물고 있지만, 탐욕스럽고 사치스러운 인간들은 하느님 사랑 밖에 머물고 있습니다. 새들과 들풀들은 하느님 손길에 자신들을 내맡기지만, 인간들은 자기 손으로 자신을 꾸미려고 합니다. 이 차이는 근원적인 것이어서 하늘나라와 지옥을 가릅니다.

시인 예수님은 하늘의 새들을 통해서, 들꽃 안에서 하느님 사랑의 손길을 봅니다. 그리고 우리에게도 눈을 뜨라고 말씀하십니다. 우리가 눈을 뜨고 하느님 사랑의 손길을 보게 되면, 우리 삶은 혁명적으로 바뀌게 됩니다. 하느님 사랑의 손길이 우리를 감싸고 있다는 사실을 깨닫게 되면 우리 삶은 더욱 행복하고 따뜻하게 됩니다. 우리도 새들처럼 노래할 수 있게 됩니다. 들꽃처럼 꾸밈없이 있는 그대로의 우리 모습을 사랑할 수 있게 됩니다. 여기가 하느님의 나라요 천국입니다.

예수님께서는 마태오 18, 3-4에서 이렇게 말씀하십니다. "내가 진실로 너희에게 말한다. 너희가 회개하여 어린이처럼 되지 않으면, 결코 하늘나라에 들어가지 못한다. 그러므로 누구든지 이 어린이처럼 자신을 낮추는 이가 하늘나라에서 가장 큰 사람이다."

난리 통에도 엄마 품에 안겨 평화롭게 잠든 아기의 모습을 상상해 보십시오. 아기는 엄마가 힘이 있기 때문에 평화로운 것이 아닙니다. 엄마는 연약한 여인일 뿐입니다. 사실 엄마는 난리 통에 아기를 지켜줄 힘이 없습니다. 그렇지만 아기는 엄마가 힘이 있는지 능력이 있는지 따위에는 관심이 없습니다. 아기는 엄마 품 안에 있기 때문에 무조건 따뜻하고 평화롭고 행복합니다.

아기가 엄마의 품 안에서 행복하고 평화롭듯이, 우리도 어린이가 되면 예수님처럼 눈이 열려서 온 세상에 가득한 하느님 사랑을 감지하게 됩니다. 그리고 우리도 그 하느님 사랑 안에서 평화와 행복을 누리게 됩니다. 여기가 하늘나라 천국입니다.

하늘나라 천국은 죽어서 가는 곳이 아닙니다. 지금 여기서 누리는 것입니다. 지금 여기서 하늘나라 천국을 누리지 못하는 사람은 죽어서도 천국을 누릴 수 없습니다.

우리는 73권의 신구약 성경을 가지고 있습니다. 우리는 성경을 읽고 필사하고 또 그 말씀을 가슴에 새기고 살려고 노력합니다. 그러나 우리 주변에는 또 다른 성경이 있습니다. 이 성경은 글자로 된 성경이 아닙니다. 예수님처럼 눈을 뜨고 깨달음을 얻은 사람만이 성경을 읽을 수 있습니다. 자연, 동물, 새, 갖가지 식물과 꽃, 그리고 우리 이웃과 형제들, 내 가족들이 또 다른 성경입니다. 어린이와 같은 눈을 가진 사람은 이 성경을 통해서 하느님을 만날 수 있고, 하느님 사랑을 감지하면서 하늘나라를 지금 여기서 누리게 됩니다. 예수님처럼 눈을 뜨면 내 이웃과 형제들이 바로 예수요 하느님이라는 사실도 읽을 수 있게 됩니다. 그러면 이웃과 형제들을 예수님처럼 사랑할 수밖에 없고, 이웃을 내 몸처럼 사랑하면 거기에 하늘나라 천국이 열립니다.

오늘 예수께서는 이런 말씀도 하십니다. "내일을 걱정하지 마라. 내일 걱정은 내일이 할 것이다. 그날 고생은 그날로 충분하다."(마태 6,34)

솔직히 우리에게 내일은 보장된 시간이 아닙니다. 우리 중에 누구도 내일까지 살아있을 것이라고 장담할 수 있는 사람은 없습니다. 우리는 우리 운명의 5분 앞도 내다보지 못하고 삽니다. 그럼에도 불구하고 내일 걱정하느라고 오늘을 망친다면 어리석음입니다. 우리에게 허락된 시간은 오늘 지금, 여기의 시간뿐입니다.

1995년 6월 29일, 서울 서초동 삼풍백화점이 무너졌습니다. 그 사고로 500명이 넘는 사람들이 목숨을 잃었습니다. 수많은 사연들이 있었는데, 어느 법관의 아내와 딸은 그날 저녁, 백화점 식품점에 아침에 먹을 식빵을 사러 들어갔습니다. 잠시 후 백화점이 무너졌습니다. 그리고 그 모녀는 시체도 찾지 못하고 실종되었습니다. 자기 운명의 1분 앞만 내다보았더라도 그 모녀는 빵을 사러 삼풍백화점에 들어가지 않았을 것입니다. 불행하게도 우리 인생은 자기 운명의 1분 앞을 내다보지 못합니다. 우리에게 내일은 없습니다. 내일은 하느님의 시간이지 우리의 시간이 아닙니다. 하느님은 우리에게 지금 여기의 시간만 허락하셨습니다.

  내일을 걱정하느라 오늘 지금 여기의 삶을 망치는 사람들은 하느님 아버지의 큰 사랑을 깨닫지 못하고, 무엇이든지 자기 욕망대로 해야 한다고 고집합니다. 내일 나의 운명이 어떻게 될지 알지도 못하면서, 내일 걱정하느라 지금 여기의 시간을 망치는 어리석음에 빠지지 않아야 합니다. 대자대비하신 아버지 하느님의 큰 사랑을 믿는 우리는, 모든 것을 하느님 손에 맡겨드리고 오늘 지금 이 시간을 서로 사랑하면서 충실히 살아야 합니다. 여러분들의 매일매일이 하느님 사랑 안에 머무는 천국의 삶이 되기를 기도합니다.

연중 제 9주일

- 신명기 11,18.26-32
- 로마 3,21-25.28
- 마태오 7,21-27

반석 위에 집을 짓는 슬기로운 사람

지난 2월 21일 뉴질랜드 남섬 크라이스트처치에서 강진이 발생했습니다. 그 지진으로 지금까지 확인된 바로는 145명이 사망하고 200여 명이 실종된 상태입니다. 도시의 상징 건물인 대성당의 종탑이 완전히 붕괴되었고, 어떤 성당은 80%가 붕괴되었습니다. 한인교포들이 많이 살고 있지만 그 피해는 아직 알려지지 않았고, 어학연수를 하러 갔던 남매가 실종된 상태입니다.

최근 우리가 살고 있는 지구촌에는 전에 경험하지 못했던 엄청난 재난들이 발생하고 있습니다. 2010년 1월 11일 중미 카리브 해의 섬나라 아이티에서 강진이 발생했습니다. 대성당과 대통령궁이 무너졌습니다. 국제 적십자사는 지진으로 인해 피해를 입은 인구가 아이티 전체 인구의 1/3인 300만 명에 이르고, 사망자가 45,000~50,000명에 이를 것이라고 추산했습니다. 지진이 일어난지 1년이 지났지만 아이티는 아직도 지진의 상처를 다 치유하지 못하고 신음하고 있습니다.

우리나라는 지진으로부터는 비교적 안전지대에 속합니다. 그러나 안심할 수는 없습니다. 왜냐하면 지금은 지구 전체가 위험지대라고 할 수 있기 때문입니다. 지난겨울 추위만 해도 그렇습니다. 많은 사람들이 기상관측 이후 가장 추운 겨울이었다고 입을 모읍니다. 올여름에는 또 어떤 기상이변이 일어날지 아무도 알지 못합니다. 우리는 한 치 앞을 내다볼 수 없는 위기의 시대에 살고 있습니다. 우리 앞에 언제 어디서 어떤 일이 벌어질지 알 수 없습니다. 우리는 지금 안전지대가 없는 시대에 살고 있습니다.

안전지대가 없기 때문에 많은 사람들이 여러 가지 보장 장치를 합니다. 예를 들면 보험에 드는 것입니다. 보험에 들면 예측불허의 위험이나 위기들이 자신들을 비켜 가기라도 할 듯이 말입니다. 보험은 어떤 일이 벌어지고 난 후 금전적인 보상을 받기 위한 장치일 뿐입니다. 그럼에도 불구하고 많은 사람들이 보험에 가입합니다.

하기는 무슨 일이 어떻게 벌어질지 알 수 없는 현실 속에서 속수무책으로 가만히 있는 것보다, 보험에라도 가입하는 것은 현명한 방법입니다. 보험에 가입하면 심리적인 안정도 얻을 수 있습니다.

여러분들에게 묻고 싶습니다. 여러분은 왜 예수님의 제자가 되었습니까? 여러분은 무엇을 위해서 천주교인이 되어 신앙생활을 하고 있습니까? 혹시 여러분들은 보험에 가입하는 것과 같은 심정으로 신앙생활을 하고 있는 것은 아닙니까? 지금 현실은 그렇다고 하더라도 죽은 다음에라도 하늘나라 천국에 가야겠다는 심정으로 천주교인으로서 신앙생활을 하고 있는 것은 아닙니까?

오늘 복음에서 예수님께서는 이렇게 말씀하십니다. "나에게 '주님, 주님!' 한다고 모두 하늘나라에 들어가는 것은 아니다. 하늘에 계신 내 아버지의 뜻을 실행하는 사람이라야 들어간다. 그날에 많은 사람이 나에게, '주님, 주님! 저희가 주님의 이름으로 예언을 하고, 주님의 이름으로 마귀를 쫓아내고, 주님의 이름으로 많은 기적을 일으키지 않았습니까?' 하고 말할 것이다. 그때에 나는 그들에게, '나는 너희를 도무지 알지 못한다. 내게서 물러들 가라. 불법을 일삼는 자들아!' 하고 선언할 것이다."(마태오 7, 21-23)

스승 예수님은 이 땅에 하늘나라 천국이라는 보험 상품을 판매하러 오신 분이 아닙니다. 예수님은 내세 즉 죽은 후, 하늘나라 천국을 팔거나 보장하기 위해서 이 땅에 오신 분이 아닙니다. 예수님의 관심사는 죽은 다음, 저승이 아니라, '지금, 여기' 우리가 두 발을 딛고 서 있는 현실입니다.

부산이나 서울 같은 대도시에는 하루 종일 지하철을 오가면서 '예수 천국! 불신 지옥!' 하고 소리치는 사람들이 있습니다. 그들의 외침은 예수를 안 믿으면 지옥 불에 빠질 것이라는 협박이나 위협입니다. 예수를 믿으면 천국이 보장되고, 예수를 안 믿으면 지옥에 간다는 것이 그들의 주장입니다.

물론 믿음이 중요합니다. 그러나 입으로 '주여, 주여!' 하기만 하면 예수님이 그 보상으로 하늘나라 천국을 주시는 것이 아닙니다. 더구나 교회는 하늘나라 천국행 표를 판매하는 곳이 아닙니다. '예수 천국, 불신 지옥!'하고 외치고 다니는 사람들 때문에 예수님의 본래 모습이 왜곡되고, 교회가 하늘나라 천국행을 표를 파는 곳으로 오해를 받습니다.

예수님께서는 '지금, 여기'서 하늘 아버지의 뜻인 천명(天命)을 실행하라고 말씀하십니다. '지금, 여기'서 하늘 아버지의 뜻을 실행하면 하늘나라 천국은 여기서 시작됩니다. 그리고 '지금, 여기'에서 하늘나라를 살게 됩니다. '지금, 여기'서 하늘나라를 사는 사람은 죽어서도 하늘나라 천국을 누리게 됩니다. '지금, 여기'서 하늘 아버지의 뜻인 천명을 실행하면서 하늘나라를 누리는 사람은 반석 위에 집을 짓는 슬기로운 사람입니다. 그는 하늘나라 천국을 살고 있기 때문에 그 삶이 복되고, 때로 인생 여정에 비바람이나 폭풍우가 닥쳐와도 흔들리지 않고 평온과 평화를 누립니다.

한편, '지금, 여기'의 하늘나라 천국을 외면하고 죽어서 하늘나라 천국에 들어가겠다는 생각으로 입으로만 '주여, 주여!' 하는 것은 어리석음입니다. '지금, 여기'서 하늘 아버지의 뜻이 아니라 자기의 주장과 고집을 내세우면서 이기적인 욕망의 노예가 되어서 사는 사람은 모래 위에 집을 짓는 어리석은 사람입니다. 자기 욕망을 충족시키려면 너를 짓밟아야 하고, 너의 아픔을 외면해야 합니다. 자기 욕심을 채우기 위해서는 너의 배고픔과 추위를 모른 척해야 합니다. 지옥은 여기서부터 시작합니다.

'지금, 여기'서 지옥을 만들고 지옥을 사는 사람이 입으로 '주여, 주여!' 한다고 죽어서 하늘나라 천국에 들어갈 수 있습니까? 어림도 없습니다. '지금, 여기'서 욕망의 노예가 되어 지옥을 살고 있는 사람은 죽어서도 지옥이고, '지금, 여기'서 하늘 아버지의 뜻을 실행하면서 천국을 사는 사람은 죽어서도 천국입니다.

조고각하(照顧脚下)라는 말이 있습니다. 선방의 화두 중 하나입니다. '비출 조(照)', '살필 고(顧)', '다리 각(脚)', '아래 하(下)'. 풀이하자면 네 발밑을 비추어 살펴보라는 말입니다. 많은 사람들이 원대한 꿈과 희망을 가지고 멀리 바라보느라고 자기 발밑을 소홀히 합니다. 자기 발밑이 튼튼해야 멀리 갈 수도 있고, 큰 꿈도 이룰 수 있습니다. 발밑에 뾰족한 걸림돌이나 웅덩이가 있는데, 그것도 못 보고 멀리 가겠다고 하는 사람은 망상에 빠진 사람입니다. 한 발짝만 내딛어면 걸려 넘어지거나 웅덩이에 빠지고 맙니다.

크고 높은 집을 지으려면 기초가 튼튼해야 합니다. 모래 위에 집을 짓는 사람이나 기초 없이 큰 집을 짓는 사람들은 모두 몽상가들입니다. 자기 고집이나 주장, 이기적인 욕망이라는 바탕 위에 자기 인생을 설계하고 세우는 사람들은 모래 위에 집을 짓는 사람들입니다. 이런 사람들이 지은 욕망의 집들이 무너져서 많은 사람들이 고통당하고 지옥을 살게 됩니다. 입으로 '주여, 주여!' 하면서 하늘 아버지의 뜻이 아니라 자기 욕망을 따르는 사람들이 이들입니다.

지금 여러분은 어디에 서 있습니까? 조고각하(照顧脚下), 여러분의 발밑을 잘 살펴보십시오. 어떤 기초 위에 여러분의 인생을 설계하고 있습니까? 여러분들이 하느님 안에 서 있고 예수님 가르침 따라서 인생을 설계하고 있다면, 여러분은 축복받은 사람들입니다.

하늘나라 천국은 멀리 혹은 먼 훗날에 있는 것이 아닙니다. '지금, 여기'에 하늘나라 천국이 있습니다. '지금, 여기'서 행복하지 않으면 내일 행복은 없습니다. '지금, 여기'서 사랑하지 않는 사람은 내일 사랑받을 수 없습니다. '지금, 여기'서 용서하지 않는 사람은 영원히 용서받지 못합니다. 우리는 먼 훗날의 하늘나라가 아니라 '지금, 여기'의 하늘나라를 만들고 누려야 합니다.

여러분들의 삶이 '지금, 여기'서 하늘 아버지의 뜻, 천명(天命)을 실행하면서 하늘나라 천국(天國)을 누리는 삶 되기를 기도합니다.

연중 제 10주일
- 호세아 6,3-6
- 로마 4,18-25
- 마태오 9,9-13

소중한 인연

저는 가끔 이런 생각을 해봅니다. 제가 만일 예수님을 만나지 못했더라면 지금 저의 모습은 어떤 것일까, 어떤 생활을 하고 있을까. 만일 제가 예수님을 만나지 못했더라면 결혼을 했을까? 결혼했더라면 행복했을까? 지금쯤은 아마 손자를 보았겠지. 결혼을 하지 않았더라면 어느 산골 암자에서 중노릇을 하고 있지는 않을까.

부질없는 상상입니다만 저는 다행히 예수님을 만났습니다. 예수님을 만나도 그냥 만난 것이 아니라 그분이 제 목덜미를 낚아채셔서 저는 사제의 길에 들어섰고, 여러분들을 만나게 되었습니다.

저는 거의 반세기를 사제로 살아왔습니다. 긴 사제 생활 동안 많은 사람들을 만났습니다. 어떤 만남은 은혜요 축복이었지만, 어떤 만남은 아픔이요 슬픔이기도 했습니다. 지금까지의 사제로서 저의 삶을 되돌아보면서, 인생이란 만남과 인연으로 이루어진다는 사실을 절감합니다.

어떤 만남은 아름다운 추억으로 남아있고, 어떤 만남은 기억하기

조차 싫은 고통으로 떠오르지만, 좋은 인연이든 나쁜 인연이든 그 인연들은 모두 다 하느님의 손길이었고 축복이었습니다. 그런 만남과 인연들이 있었기 때문에 지금의 제가 존재하고 있습니다. 그래서 저는 지나간 모든 만남과 인연에 대해서 감사하고 있습니다.

"옷깃만 스쳐도 인연이다." 라는 말이 있습니다. 어줍은 작은 만남이라도 그 인연으로 해서 한 사람의 운명이 바뀔 수 있기 때문에 하는 말입니다. 모든 인연과 만남이 아름다운 꽃을 피우고 향기로운 열매가 맺어졌으면 좋겠습니다.

오늘 복음의 주제는 예수님과 세리 마태오의 만남입니다. 예수님께서 길을 가시다가 세관 앞에 앉아 있는 세리 마태오를 만납니다. 예수님께서 그를 부릅니다. "나를 따라라." 그러자 그는 벌떡 일어나서 예수님을 따라나섭니다. 그는 예수님의 제자가 됩니다.

공무원 중에서 가장 힘센 사람들이 세무 공무원입니다. 경찰이나 검찰도 무서운 사람들이지만, 법을 잘 지키는 사람들에게 경찰이나 검찰은 무서운 존재가 아닙니다.

그렇지만 세무 공무원은 사정이 다릅니다. 우리나라 세법이 복잡하기도 하지만 코에 걸면 코걸이, 귀에 걸면 귀걸이 같은 세법 때문에 구멍가게라도 하는 사람이라면 세무 공무원을 두려워합니다. 그들이 복잡한 세법을 들이대면서 세금을 내라고 하면 피할 도리가 없습니다.

예수님 시대에도 사정은 비슷했습니다. 세리는 힘있는 사람이었습니다. 더구나 예수님 시대의 세리들은 정직하지도 않았습니다. 로마 제국은 교묘한 방법으로 식민지인들로부터 세금을 거두어들였는데, 자신들이 직접 세금을 거두는 것이 아니라 식민지인들을 세리로 고용해서 세금을 거두어들였습니다.

유대인들은 세리들을 대단히 싫어했습니다. 세리들은 로마 통치자들의 충실한 앞잡이 노릇을 한 대가로 부를 쌓을 수 있었습니다. 유대인들은 로마인들의 앞잡이 노릇을 하는 세리들을 부정한 무리로 분류하고, 그들을 구원받을 수 없는 무리로 단죄했습니다. 동족들로부터 멸시당하는 세리들은 부정한 방법으로 세금을 거두어서 부를 쌓았습니다. 세리 마태오도 그런 모습으로 살고 있었습니다.

예수님을 만나기 전까지 마태오의 삶은 행복하지 않았습니다. 세리인 그는 돈을 많이 가지고 있었습니다. 돈은 그에게 향락과 편리함을 주었지만 기쁨과 행복을 주지 않았습니다.

유대인들은 세리 마태오를 부정한 인간으로 낙인찍고 가까이하지 않았습니다. 그는 돈은 많았지만 언제나 외로웠지요. 돈으로 향락을 살 수는 있지만 행복과 기쁨을 살 수는 없습니다.

그러던 어느 날 그는 예수님을 만납니다. 세관 앞에 앉아 있는 그를 예수님이 부르셨습니다. "나를 따라라." 아무도 그를 가까이하지 않았고 또 따뜻이 맞아주지 않았지만 예수님은 달랐습니다.

그분은 부정한 무리로 낙인찍힌 마태오를 따뜻하게 불러주셨을 뿐 아니라 마태오의 초대에 흔쾌히 응하셔서 그의 집에서 함께 먹고 마시기까지 합니다. 마태오는 그 순간 행복이 무엇인지를 깨닫습니다. 그는 돈이나 재물이 주지 못하는 행복을 예수님을 통해서 얻습니다. 그리고 그는 예수님의 충실한 제자가 되기로 결심합니다.

마태오는 예수님을 만나서 세리에서 예수님의 제자로 그 운명이 바뀝니다. 그뿐 아니라 그는 열렬한 복음 선포자가 됩니다.

우리는 4권의 복음서를 가지고 있습니다. 네 권의 복음 중 한 권이 세리 마태오가 남긴 것입니다.

복음(福音)은 기쁜 소식입니다. 예수님을 만난 마태오가 자신이 만난 예수님에 대한 사랑을 글로 고백한 사랑 고백서가 복음(福音), 즉 기쁜 소식입니다. 마태오는 자신이 만난 예수님께 대한 사랑을 가슴에 혼자 담아둘 수 없었습니다. 그는 자신이 만난 예수님이 어떤 분인지, 그분이 어떤 사랑을 자신에게 베풀었는지, 자신이 어떻게 구원받아서 새 사람이 되었는지, 이런 것들을 일일이 기록합니다. 그가 글로 남긴 사랑 고백이 오늘 우리가 가지고 있는 마태오 복음입니다. 우리는 마태오가 남긴 복음을 통해서 예수님을 만나고 예수님의 말씀과 가르침을 듣습니다.

마태오는 예수님과의 인연을 아름답게 꽃피우고 충실하게 열매 맺어서 오늘 우리도 예수님을 만날 수 있는 길을 열어 주었습니다.

모든 인연과 만남은 소중한 하느님의 손길입니다. 아무리 좋은 재목이라도 좋은 목수를 만나지 못하면 땔감이 되고 맙니다. 그렇지만 땔감밖에 안 될 것 같은 나무도 좋은 목수를 만나면 훌륭한 가구가 되고 예술품이 됩니다.

돈밖에 모르던 세리가 예수님을 만나서 복음 선포자가 되고 훌륭한 복음서를 남겨 오늘 우리 앞에 밝은 등불이 되었습니다. 교회를 박해하면서 교회 자체를 없애버리려고 했던 사울이라는 청년이 다마스쿠스 길목에서 예수님을 만나서 열렬한 사도 바오로가 된 것을 생각하면 만남과 인연이 얼마나 소중한 하느님의 손길인지 절감하게 됩니다.

이태리 중부에 있는 예술의 도시 피렌체에 가면 미켈란젤로가 조각한 소년 다비드 상(像)이 있습니다. 구약성경에 나오는 인물 소년 다윗이 돌팔매를 어깨에 걸치고 서 있는 모습의 조각 작품입니다.

대리석으로 조각한 작품이지만 얼마나 생동감 있게 작품을 만들었는지 살아 있는 사람이 돌로 변한 듯 착각이 들 정도입니다.

전하는 일화에 의하면, 미켈란젤로는 자신이 그 작품을 만들고 난 후에 스스로 감격해서 소년 다비드를 향해 이렇게 소리쳤답니다. "말해! 말을 해 봐. 왜 말을 안 해!"

이렇게 아름답고 놀라운 조각품도 미켈란젤로를 만나기 전에는 쓸모없는 돌덩이에 불과했습니다. 그러나 미켈란젤로는 그 돌덩이 속에 갇혀 있던 소년 다비드를 작품 활동을 통해서 살려냈습니다. 그리고 오늘 우리는 다비드 상이라는 걸출한 조각품을 만나게 됩니다.

만남과 인연은 하느님의 손길이며 축복입니다. 저는 예수님을 만났기 때문에 사제로서의 삶을 살아왔고 오늘 여러분들을 만날 수 있었습니다. 여러분들 역시 예수님을 만나 그분의 부르심에 응답하였기 때문에 천주교 신자가 되어 오늘 저와 인연을 맺을 수 있게 되었습니다.

예수님은 마태오를 부르시듯이 여러분도 불러 주셔서 여러분과 인연을 맺으셨습니다. 스승 예수님께서 여러분을 부르신 까닭이 있습니다. 한마디로 이렇게 말하고 싶습니다. 여러분이 행복한 사람이 되라고 예수님께서 불러주셨습니다.

세리 마태오가 예수님을 만나서 비로소 참 행복을 깨닫고 그분의 제자가 되었듯이, 여러분도 예수님을 만나서 행복한 사람이 되라고 그분이 여러분을 부르셨습니다.

중요한 것은 세리 마태오가 "나를 따라라!" 하고 부르시는 예수님의 말씀에 가슴을 열고 "예!" 하고 응답했듯이 여러분들도 가슴을 열고 예수님의 부르심에 응답하는 일입니다. 세리 마태오가 예수님을 만나서 새 삶을 얻었듯이 여러분들도 새 삶으로 거듭나서 행복을 깨닫게 될 것입니다.

세리 마태오가 예수님을 만나 그분으로부터 받은 사랑을 마태오 복음이라는 한 권의 책으로 남겼듯이, 여러분들의 매일의 삶이 또 다른 복음서가 되기를 바랍니다.

여러분들이 예수님을 만나 그분과 인연을 맺었음으로 그 인연에 충실하시기 바랍니다. 그리고 매일의 삶이 만남과 인연으로 이루어짐으로 순간순간의 만남과 인연에도 충실하여 아름답고 향기로운 열매 맺기를 축원합니다.

연중 제11주일

- 출애굽 19,2-6
- 로마 5,6-11
- 마태오 9,36-10,8

동체자비(同體慈悲)와 하느님 나라

"그때에 예수께서 목자 없는 양과 같이 시달리며 허덕이는 군중을 보시고 불쌍한 마음이 들어 제자들에게 이렇게 말씀하셨다."

예수님의 눈에 비친 군중들의 모습은 옛날이나 지금이나 별로 달라진 것이 없습니다. 옛날 예수님께서 활동하시던 시대의 갈릴래아 지방의 민중들의 삶의 모습이나 이 시대 서민들의 삶의 모습이 크게 다르지 않기 때문입니다.

2천 년이라는 시간의 공백이 있고 유대 땅과 대한민국이라는 장소의 차이도 있습니다. 그러나 시간과 장소의 차이가 있을 뿐이지 사람 사는 모습은 크게 달라지지 않았습니다.

옛날 사람들도 하루 24시간 살았습니다. 하루 세끼 밥을 굶지 않고 먹기 위해서 이른 아침부터 밤늦도록 이마에 땀을 흘리며 일을 했습니다. 사랑하는 사람을 만나서 결혼을 하고, 가정을 꾸리고 자식을 낳아서 키우면서 어떻게 하면 좋은 부모가 될 수 있을까, 자식들을 훌륭하게 잘 키울 수 있을까 노심초사했습니다.

옛날이나 지금이나 평범한 서민들의 꿈과 희망은 소박합니다. 하루 세끼 밥을 굶지 않는 것, 가족들이 건강을 누리면서 화목하고 평화로운 가정생활을 하는 것, 자식들이 탈없이 잘 자라서 훌륭한 인격자가 되는 것, 이런 것들입니다.

예수님은 이렇게 고단한 삶에 지친 백성들을 보시고 그들이 불쌍하고 측은해서 열두 제자들을 백성들 가운데로 보내십니다. 예수님께서는 당신이 뽑으신 열두 제자들에게 악령을 쫓아낼 수 있는 권능과 병자들과 허약한 사람들을 치유할 수 있는 능력을 주셨습니다. 그들을 고달픈 삶에 지쳐 있는 민중들 가운데로 파견하셨습니다.

제자들을 보내시면서 이렇게 말씀하십니다. "가서 '하늘나라가 가까이 왔다' 하고 선포하여라. 앓는 이들은 고쳐주고 죽은 이들은 일으켜 주어라. 나병환자는 깨끗하게 해주고 마귀들은 쫓아내어라. 너희가 거저 받았으니 거저 주어라."(마태 10, 7-8)

예수님께서 뽑아 보내신 열두 사도들의 면면이 볼 만합니다. 베드로라고 하는 시몬과 그의 동생 안드레아, 그리고 제베대오의 두 아들 야고보와 요한 형제, 이들은 갈릴래아 호수에서 고기잡이를 업으로 삼던 어부들입니다. 그리고 필립보와 바르톨로메오, 의심 많은 토마스와 세리 마태오, 이들은 당시 존경받는 인물들이 아니었습니다. 특별히 세리는 유대인들이 싫어하던 기피인물입니다. 알패오의 아들 야고보와 타대오, 그리고 이스라엘의 독립투사였던 시몬, 나중에 스승 예수님을 팔아넘기는 가리옷 출신 유다 등입니다.

예수님께서 뽑아서 보내신 열두 사도들의 면면을 보면 한심하기도 하지만 한편으로 큰 위안이 됩니다. 열두 사도들의 모습이 오늘 우리들의 모습과 별로 다르지 않기 때문입니다.

그들은 지위가 높은 고관 출신도 아니고 공부를 많이 한 지식인들도 아닙니다. 돈 많은 부자는 더더욱 아니고 출세하려는 야망에 불타는 그런 인물들도 아닙니다. 평범한 서민들에 지나지 않습니다. 예수님께서 이토록 평범한 인물들을 뽑아서 백성들 한가운데로 보낸 이유가 있습니다.

'동병상련(同病相憐)'이라는 말이 있습니다. 같은 처지에서 아픔을 함께 나누는 것을 말하는데, 보냄받은 열두 사도들이야말로 동병상련의 정으로 백성들 가운데서 그들과 함께 머물 수 있는 사람들입니다. 그리고 백성들의 상처받은 가슴을 어루만져 주면서 함께 고통과 슬픔을 나눌 수 있는 사람들입니다.

예수님께서는 천사도 아니고 성인군자도 아니고 고관대작이나 지식인도 아닌 평범한 서민들 가운데서 당신의 제자들을 선발하셨습니다. 예수님께서 그 제자들을 민중들 가운데로 보내시면서 그들의 고달픈 삶을 함께 나누라고 말씀하십니다. 서로의 처지를 알고 이해할 수 있는 비슷한 사람들끼리 진정한 나눔과 사랑 실천이 가능합니다.

우리는 예수님을 스승이요 주님으로 섬기고 있습니다. 그분이 스승이요 주님이 될 수 있는 이유는 대자대비심(大慈大悲心)의 소유자이기 때문입니다. 예수님은 마음으로만 삶에 지친 우리들을 측은하게 여기신 분이 아니라, 우리의 고달픈 삶을 함께 나누시려고 우리와 같은 처지의 한 사람으로 이 땅에 오셨습니다.

그분은 고향 나자렛에서 부모님을 모시고 30년 동안 목수 일을 하시면서 평범하게 가정생활을 하셨습니다. 예수님은 누구보다도 서민들의 애환을 잘 이해하는 분입니다. 이런 예수님을 우리는 스승이요 주님으로 믿고 있습니다.

가난한 서민들의 삶을 잘 알고 계시는 예수님은 서민들 가운데서 제자들을 선발하시고 서민들과 함께 삶의 애환을 나누도록 파견하셨습니다. 동체일신(同體一身), 동체자비(同體慈悲)를 실천하도록 제자들을 파견하셨습니다.

예수께서 제자들을 보내시면서 '하늘나라가 가까이 왔다 하고 선포하여라.' 하셨습니다. 동체자비(同體慈悲)의 실천은 하느님 나라를 구체화하는 길입니다.

하늘나라를 한자말로 天堂 혹은 天國이라고도 하는데, 도대체 하늘나라란 무엇입니까? 하늘나라는 어디서부터 시작됩니까? 하늘나라는 하늘 저 높은 곳, 구름 위 어디쯤 있는 장소를 말합니까?

하늘나라는 하늘 높은 곳 구름 저편에 있는 나라가 아닙니다. 죽은 다음 우리 영혼이 가게 되는 어떤 나라를 천당이라 합니까? 만일 그렇다면 예수님께서 구태여 제자들을 백성들 가운데로 보내시면서 하늘나라가 가까이 왔다고 선포해야 할 이유가 없습니다. 삶에 지친 민중들에게 하늘나라가 다가왔다고 아무리 외쳐 보았자 그들의 고통과 슬픔을 함께 나누지 못한다면 그것은 공허한 소리에 지나지 않습니다.

예수님께서 제자들에게 악령을 제어할 수 있는 권능과 병자를 치유할 수 있는 능력을 주신 이유가 무엇입니까? 입으로만 하늘나라가 가까이 왔다고 외칠 것이 아니라 백성들이 당하는 고통과 슬픔을 함께 나누고 아픔을 치유해줌으로써 하늘나라를 선포하라고 치유의 능력을 주셨습니다.

하늘나라[天國]는 삶을 함께 나누는 데서 시작합니다. 사랑과 기쁨과 평화를 함께 나누고, 슬픔과 고통과 아픔도 함께 나누는 데서 천국이 시작됩니다. 사랑과 기쁨은 나누면 더욱 커집니다. 고통과 슬픔은 나누면 나눌수록 작아집니다. 기쁨과 슬픔, 환희와 고통을 함께 나누는 곳에 악마가 끼어들 자리는 없습니다.

하늘나라는 너와 나를 구별하지 않는 동체일신(同體一身)을 실천하는 곳에 이루어집니다. 너의 기쁨을 나의 기쁨으로 너의 고통을 나의 고통으로 여기는 동체자비同(體慈悲)를 실천하는 곳에 하늘나라는 있습니다.

우리는 예수님의 제자들입니다. 그분으로부터 불림받아서 이 세상에 파견된 사도들입니다. 세상 사람들은 우리를 그리스도인 혹은 천주교인이라고 부릅니다.

하느님의 자녀요 예수님의 제자로서 이 세상에 파견된 우리가 해야 할 일은 하늘나라 천국을 선포하는 일입니다. 하늘나라 천국을 선포하기 위해서 높은 지위가 필요하지 않고 재력이나 돈이 필요한 것도 아닙니다. 하늘나라를 선포하기 위해서 뛰어난 학식과 남다른 지식이 필요하지 않습니다.

우리가 지녀야 할 것은 따뜻한 가슴과 사랑하는 마음입니다. 예수님의 대자대비심을 닮은 마음을 지녀야 합니다.

우리는 이 성찬전례에서 예수님의 몸인 성체를 받아먹고 예수님과 하나됩니다. 성체성사를 통해서 예수님과 하나가 되는 동체일신의 신비 속으로 들어갑니다. 동시에 우리는 예수님과 일심동체(一心同體)가 됩니다. 예수님의 대자대비심이 우리의 마음이 됩니다.

예수님이 측은한 눈으로 백성들을 바라보셨듯이, 우리도 같은 눈으로 이웃과 형제들을 바라보아야 합니다. 이웃과 형제들의 아픔과 슬픔을 나의 것으로 받아들이고 그 고통을 함께 나눌 수 있어야 합니다.

예수님께서는 열두 제자들을 보내시면서 악마를 쫓아낼 수 있는 권능과 병자와 허약한 사람들을 고칠 수 있는 능력을 주셨습니다. 성체성사를 통해서 예수님과 일심동체가 된 우리도 같은 권능과 능력을 받았습니다.

우리가 스승 예수님으로부터 병자를 치유할 수 있는 능력과 악마를 쫓아낼 수 있는 권능을 받았다고 하더라도 이웃과 형제들의 아픔과 고통을 나의 것으로 받아들이지 못하면 치유의 능력도 발휘할 수 없을 뿐 아니라 악마도 추방할 수 없습니다. 너는 너, 나는 나, 너 따로 나 따로의 분별지심(分別之心)은 악마의 마음입니다. 너와 나를 구별하는 분별지(分別智)는 악마의 지혜입니다.

너와 나를 구별하지 않고 동체자비를 실천하는 사람, 따뜻한 가슴과 사랑 충만한 마음으로 이웃과 형제들을 품어주는 사람은 악마를 추방할 수 있고 몸과 마음의 상처를 치유할 수 있습니다. 하느님 나라 천국은 여기서 시작됩니다.

여러분의 사랑실천을 통해서 하느님과 스승 예수님께서 영광 받으시고, 동시에 이웃과 형제들은 하느님 나라 천국 누리기를 간절히 기도합니다.

연중 제 12주일 (민족의 화해와 일치를 위한 기도의 날)

- 신명기 30,1-5
- 에페소 4,29-5,2
- 마태오 18,19-22

가슴속의 장벽을 허물라!

오늘은 민족의 화해와 일치를 위한 기도의 날입니다. 교회는 6월 25일에 가까운 주일을 '민족의 화해와 일치를 위한 기도의 날'로 정하고 우리 민족의 통일과 화해를 위해서 기도합니다.

일제 식민지에서 해방되자마자 분단의 비극을 맞게 된 우리 민족은 남북으로 갈라져서 긴 세월 원수처럼 적대시하면서 살아왔습니다. 심지어 1950년 6월 25일에 북한은 남침을 감행하고, 우리는 같은 민족이면서도 철천지원수나 되는 것처럼 서로의 가슴에 총칼을 겨누고 3년 동안 싸웠습니다. 이런 비극의 이면에는 거대한 세력이 있습니다.

그 세력이란 이른바 이데올로기(Ideology), 즉 이념(理念)이라는 우상입니다. 공산주의, 자본주의 따위의 이념이 하느님이나 되는 듯이, 그것의 노예가 되어서 한 민족이 서로의 가슴에 총질을 하면서 싸웠습니다. 그 전쟁의 결과는 너무나 비참했고 씻을 수 없는 깊은 상처를 모두의 가슴에 새겨놓고 말았습니다.

하느님 아닌 것을 하느님인 양 섬기는, 노예가 되면 비참해집니다. 하느님은 우상숭배를 금했습니다. 그런데 남쪽에서는 자본주의라는 이데올로기를 섬겼고, 북쪽에서는 공산주의라는 이데올로기를 섬겼습니다. 이런 우상숭배의 결과가 동족상잔(同族相殘)이라는 엄청난 비극을 가져왔습니다.

더구나 권력욕에 사로잡힌 정치지도자들이 국민 위에 군림하기 위해서 이데올로기라는 우상의 충실한 하수인(下手人)들이 되어서 국민을 서로 미워하고 증오하도록 이끌었습니다.

우상을 숭배하면 눈이 멀게 됩니다. 돈을 하느님처럼 섬기면서 돈의 노예가 된 사람의 눈에는 돈밖에 보이지 않습니다. 돈 때문에 부모 형제도 외면하고 등지게 됩니다. 향락을 하느님처럼 섬기는 사람은 향락을 쫓느라고 가정도 가족들도 외면하게 됩니다. 어떤 형태의 우상을 섬기든 그 끝은 언제나 비참합니다.

공산주의, 자본주의 따위의 이념을 하느님처럼 섬기는 사람들의 눈에 동족이 보일 리 만무합니다. 자신들이 섬기는 우상의 충실한 노예가 되어서 서로 미워하고 증오하면서 죽이는 일에 충실하게 됩니다. 6·25 전쟁이 바로 그것입니다.

분단의 세월이 하루 이틀이 아니라 반세기를 지나 70년이나 되었습니다. 북에 고향과 가족을 두고 있는 분들 가운데 많은 사람들이 통한의 세월을 살다가 세상을 떠났습니다. 그리도 가 보고 싶던 고향땅을 밟아보지 못하고, 서로 만나고 싶어 하던 가족들과 형제들을 만나 보지도 못한 채 그리움 속에서 죽어 갔습니다.

요즘 우리는 전 세계 어느 나라에든지 갈 수 있습니다. 그러나 가고 싶어도 갈 수 없는 나라가 있습니다. 서울에서 자동차로 한 시간이면 갈 수 있는 나라입니다. 더구나 어떤 분들은 거기에 고향도 있고 가족도 두고 있습니다. 그런데도 지금 그 나라에 갈 수 없습니다. 북한이 바로 그곳입니다. 민족분단의 골은 이토록 깊고 넓습니다.

민족분단의 이 비극을 어떻게 극복해야 합니까? 방법은 여러 가지가 있을 수 있습니다. 가장 쉬운 방법은 힘으로 분단을 극복하는 것입니다. 이 방법은 가장 쉬운 방법일 뿐 아니라 정치지도자들이 빠지기 쉬운 유혹입니다. 그러나 우리는 6·25전쟁을 통해서 힘으로 문제를 푼다는 것은 오히려 더 큰 불신과 상처를 남기게 된다는 교훈을 얻었습니다.

힘으로 민족분단의 비극을 극복할 수는 없습니다. 그러면 대화로 문제를 풀어나갈 수는 있겠습니까? 1970년 7·4 남북공동성명부터 지금까지 50년 세월 동안 대화를 했지만, 결과를 보면 남북 정권담당자들이 자신들의 권력을 강화하는 수단으로 대화를 이용하기만 했지 실질적인 남북평화의 기틀을 마련하지 못했습니다.

요즘도 북핵 문제를 해결하기 위한 회담을 이야기하고 있지만, 과연 그 회담이 성공적으로 이루어질지 의문입니다. 입으로는 대화를 하면서도 등 뒤에는 상대방에게 치명적인 타격을 가할 수 있는 비수를 감추고 있기 때문입니다.

그렇다면 민족분단의 비극을 극복할 수 있는 다른 방법이 없을

까요? 하느님을 하느님으로 섬기면서 예수님의 가르침대로 용서하고 화해하는 것입니다. 다른 방법이 없다고 저는 감히 단언합니다.

북한 동포들을 억누르면서 그들을 지배하고 있는 것은 김일성 주체사상(主體思想)이라는 우상입니다. 북한 동포들은 김일성을 하느님으로 알고 하느님처럼 섬기고 있습니다. 그들의 우상 김일성은 죽었지만 북한 동포들 가운데 살아 있습니다. 교조적(教祖的)인 주체사상이라는 교리로 무장한 북한 동포들은 김일성을 섬기면서 살고 있습니다. 북한의 권력자들은 유훈(遺訓) 통치(統治)라는 방법으로 권력을 장악하고 북한 동포들을 지배하고 있습니다.

북한 동포들이 김일성 주체사상의 지배에서 벗어나야 합니다. 무엇으로 북한 동포들을 우상의 지배에서 해방시킬 수 있습니까? 황금만능의 자본주의로 교조적 주체사상을 무너뜨릴 수 있습니까? 어림없습니다. 돈을 하느님처럼 섬기는 자본주의로는 북한의 우상을 넘어설 수 없습니다. 오히려 남한의 자본주의에 실망한 청년대학생들이 주체사상에 오염되어 있습니다.

교회가 민족의 화해와 일치를 위한 기도의 날을 정하고 한마음으로 기도하는 이유를 아시겠습니까? 우리 민족이 평화 통일을 이루기 위해서는 하늘의 도움이 있어야 합니다.

'하늘은 스스로 돕는 자를 돕는다'고 합니다. 우리가 하느님 앞에 먼저 회개하는 생활을 해야 합니다. 민족분단의 벽을 허물지 못하고 형제들을 원수처럼 미워하고, 북한 동포들을 꼬리와 뿔이 달린

붉은 악마처럼 생각하고 아이들에게도 그렇게 가르치면서 증오심을 키워왔음을 회개하여야 합니다. 오늘 복음에서 예수께서 말씀하십니다.

"일곱 번이 아니라 일흔일곱 번까지라도 잘못한 형제를 용서해야 한다." 지금까지 우리 민족이 남북으로 갈라져서 서로 불신하고 증오하였음을 뉘우치고 회개하여야 합니다. 남북이 서로 화해하고 용서해야 할 한 민족이라는 사실을 잊어버리고, 힘으로 서로를 굴복시키거나 제거해야 할 원수처럼 여겨왔음을 진심으로 뉘우치고 용서 청해야 합니다. 하느님 앞에 지금까지의 우리 민족의 잘못을 용서 청하고 이제는 남북한이 서로를 용서하고 화해해야 합니다.

지금 우리가 걷어내야 할 것은 남과 북을 가르고 있는 38선이라는 저 인위적인 장벽보다는 우리 가슴속에 가로놓인 불신과 미움과 원한의 장벽입니다. 진심으로 회개하여 우리 가슴속에 있는 이 장벽들을 걷어내었을 때 비로소 하늘의 도우심으로 38선이라는 저 장벽도 걷히게 됩니다. 그리고 북한의 동포들 위에 하느님처럼 군림하고 있는 주체사상이라는 우상도 무너지게 됩니다.

오늘 복음을 통해서 예수께서는 이렇게 말씀하십니다.

"너희 가운데 두 사람이 이 땅에서 마음을 모아 무엇이든 청하면, 하늘에 계신 내 아버지께서 이루어주실 것이다. 두 사람이나 세 사람이라도 내 이름으로 모인 곳에는 나도 함께 있기 때문이다."(마태 18, 19-20)

예수님의 말씀대로 우리가 마음을 모아서 간절하게 기도를 바칠 때 북한 동포들을 억압하고 있는 우상은 하느님 앞에 무릎을 꿇게 될 것이고, 남북한의 동포들이 함께 하느님을 아버지로 섬기면서 한 가족이 됩니다.

하느님을 하느님으로 섬기면, 하느님 안에서 서로 사랑하고 용서하면서 하나가 될 수 있습니다. 그러나 우상을 섬기면 서로 미워하고 증오하고 싸우고 죽이게 됩니다. 그 우상은 돈이 될 수도 있고 권력이 될 수도 있고 이념 혹은 사상이 될 수도 있습니다. 어떤 형태의 우상이든 우상의 속성은 사람들을 노예처럼 속박하는 것이고 그리고 탐욕에 빠지게 하고 증오하고 갈라지게 합니다. 끝내 모두를 파멸의 구렁텅이로 빠뜨립니다.

하느님 안에 우리 스스로 회개하는 생활과 용서하고 화해하는 생활을 통해서 분단의 비극을 극복합시다. 우리 민족 모두가 다 함께 하느님을 아버지로 받들어 섬기는 날이 하루 빨리 우리 앞에 다가오도록 간절히 기도합시다.

연중 제 13주일(교황의 날)
- 열왕기하 4,8-11.14-16
- 로마 6, 3-4.8-11
- 마태오 10,37-42

유유상종(類類相從)

오늘 제 1독서를 통해서 예언자 엘리사와 수넴 여인에 관한 이야기를 듣습니다. 그 내용을 간추리면 이렇습니다.

이스라엘의 수넴이라는 곳에 꽤 부유한 여인이 나이 많은 남편과 함께 살고 있었습니다. 하루는 예언자 엘리사가 그곳을 지나게 됩니다. 그 여인은 예언자 엘리사에게 대접을 하고 싶으니 자기 집에 머물러 달라고 간청합니다.

수넴 여인은 사람을 보는 눈을 가지고 있습니다. 그녀는 너그럽고 여유 있는 마음을 지닌 사람입니다. 그 여인이 자기 남편에게 이렇게 말합니다.

"여보, 우리 집에 늘 들르시는 이분은 하느님의 거룩한 사람이 틀림없습니다. 벽을 둘러친 작은 옥상 방을 하나 꾸미고, 침상과 식탁과 의자와 등잔을 놓아 드립시다. 그러면 그분이 우리에게 오실 때마다 그곳에 드실 수 있을 것입니다." (2열왕 4, 9-10)

그 이후로 엘리사는 그곳을 지날 때마다 식사 대접을 받았고 또

쉬어서 가기도 합니다. 수넴 여인이 고맙게 자신을 대접해 주었기 때문에 엘리사는 무엇인가 보답을 해주고 싶었습니다. 그래서 제자들에게 혹시 부인에게 아쉬운 것이 없는지 알아보도록 합니다. 수넴 여인은 아쉬움 없는 생활을 하고 있었고 동족과 더불어 살 수 있음을 기뻐하고 있었습니다. 그렇지만 수넴 여인에게는 자식이 없었습니다. 더구나 부부가 다 늙어서 아이를 가질 희망도 없었습니다.

그래서 하느님의 사람 엘리사는 수넴 여인에게 이렇게 축복해 줍니다.

"내년 이맘때가 되면 부인은 한 아들을 안게 될 것이오."

수넴 여인은 이렇게 대답합니다.

"어르신, 그럴 리가 있겠습니까? 하느님의 사람이시여, 이 여종에게 거짓말하지 마십시오."

그러나 엘리사의 말은 농담이 아닙니다. 여인은 정말 임신하게 되었고, 다음해 같은 철이 돌아오자 아들을 낳아 품에 안게 됩니다.

오늘 복음에서 예수님께서는 이렇게 말씀하십니다.

"예언자를 예언자라서 받아들이는 이는 예언자가 받는 상을 받을 것이고, 의인을 의인이라서 받아들이는 이는 의인이 받는 상을 받을 것이다. 내가 진실로 너희에게 말한다. 이 작은 이들 가운데 한 사람에게 그가 제자라서 시원한 물 한 잔이라도 마시게 하는 이는 자기가 받을 상을 결코 잃지 않을 것이다."(마태 10, 41-42)

수넴 여인이 아들을 낳아서 품에 안게 된 것이 우연한 일이 아닙니다. 너그럽고 따뜻한 마음으로 나그네인 예언자 엘리사를 대접하고 맞아드렸기에 받은 축복입니다.

인생살이는 사람과 사람의 만남과 헤어짐이라 해도 과언이 아닙니다. 우리는 만나고 헤어지면서 여러 인연을 맺게 됩니다. 그 인연들이 맺히고 쌓여서 우리의 삶을 이루게 됩니다. 어떤 사람들은 만남과 헤어짐을 거듭할수록 은총과 축복을 쌓게 됩니다. 그러나 어떤 사람들은 만남과 헤어짐을 거듭할수록 원망과 원한을 쌓습니다. 어떤 사람들은 만나는 사람을 모두 은인과 벗으로 만들지만, 어떤 사람들은 만나는 사람들을 모두 적과 원수로 만듭니다.

누가 만나는 사람을 모두 은인과 벗으로 만듭니까? 사랑과 자비로 가슴이 충만한 사람, 하늘처럼 맑고 청정한 마음을 지닌 사람들은 만나는 사람들을 모두 벗으로 만들고 은인으로 만듭니다. 자기 자신보다는 만나는 상대를 먼저 생각하고, 그의 처지를 먼저 헤아리고 이해는 사람, 넓은 도량으로 만나는 사람들을 품어주는 사람, 이런 사람이 만나는 사람들을 모두 벗과 은인으로 만듭니다. 수넴 여인이 바로 그런 사람입니다.

이런 사람들은 외롭지 않습니다. 언제나 그 주위에는 사랑하는 사람들이 있습니다. 때로 그가 곤경에 빠지더라도 주위에 많은 은인들이 있기에 도움의 손길이 뻗히게 됩니다. 공자도 이렇게 말합니다.

'덕불고(德不孤)하니 필유린(必有隣)이라.'

사랑과 자비를 베푸는 덕 있는 사람은 외롭지 않으니 필시 가까운 이웃들이 있기 때문이라고 가르칩니다.

우리는 독불장군처럼 혼자서 살 수 없습니다. 혼자서 살아서도 안 됩니다. 주위에 많은 은인들과 벗들이 있는 사람들은 늘 행복합니다. 이것이 인생의 큰 즐거움이기도 하고 하늘의 축복이기도 합니다. 우리는 이렇게 살아야 합니다.

반면에 어떤 사람은 만나는 이웃을 원수나 적으로 만듭니다. 누가 만나는 사람마다 원수와 적으로 만듭니까? 마음에 사랑과 자비로움이 없는 사람, 탐욕스럽고 이기적인 가슴을 지닌 사람, 사람들을 대할 때마다 계산하는 사람, 이해타산으로 만나는 사람마다 저울질하는 사람, 자기에게 득이 되면 사귀고 실이 되면 발길로 차버리는 사람, 이런 사람들은 만나는 이웃들을 모두 원수로 만들거나 적으로 만듭니다. 이런 사람들은 끝내 외톨이로 남게 됩니다.

'유유상종(類類相從)'이라는 말이 있습니다. 비슷한 종류와 비슷한 인간들이 함께 모인다는 말입니다. 사람을 순수한 마음으로 대하지 못하고 이용해 먹으려 드는 사람들, 약고 꾀스럽게 이웃을 사귀는 사람들, 이런 사람들 주변에는 늘 그와 비슷한 사람들이 모이게 마련입니다. 그러니 비슷한 사람들이 모여서 서로 속이고 속고 이용해 먹고 발로 차는 일을 거듭하게 됩니다. 그러면서 서로 원수가 되거나 적이 되어서 원한과 원망을 쌓게 됩니다. 어리석고 불행한 삶입니다.

　이렇게 사는 사람은 불행한 처지가 되거나 궁지에 빠져도 그가 만나거나 혹은 사귄 사람들은 모두 원수나 적이 되어있기 때문에, 아무도 그에게 손을 내밀지 않습니다. 오히려 주위 사람들이 참 고소하다고 생각하여 속으로 박수치면서 그의 불행을 즐기게 됩니다.

　불행하게도 우리 주변에는 이런 사람들이 너무 많습니다. 그래서 세상인심이 흉흉하고 서로 의심의 눈길을 보내면서 불안한 나날을 보내게 됩니다. 불행하고 어리석은 삶입니다.

　우리 인생은 길지 않습니다. 더구나 우리의 인생은 단 한 번의 기회밖에 없습니다. 이 짧은 인생살이, 한 번밖에 주어지지 않는 이 인생을 원한과 원망을 쌓으면서 적이 되고 원수가 되어 살아야 되겠습니까?

　사목자인 저의 가슴을 아프게 하는 것이 있습니다. 교우들 중에도 아직 어리석음에서 벗어나지 못하고 만나는 사람마다 인심을 잃고 원한을 사는 사람들이 있다는 사실입니다. 하느님을 아버지로 믿고 예수님을 주님으로 받드는 사람에게 어울리지 않는 삶의 모습입니다.

　서로 믿고 사랑하고 용서하고 자비를 베풀면서 어울려서 살아도 세상살이가 쉽지 않습니다. 어쩌자고 가는 곳마다 인심을 잃고 만나는 사람마다 원수를 맺고 원한을 쌓는지 안타깝고 답답합니다.

신앙생활이란 무엇이며, 신앙인이란 어떤 사람입니까? 신앙생활이란 입에 발린 생활이 아닙니다. 자기만 천국을 누리겠다고 자기만 복을 받겠다고 비는 생활은 신앙생활이 아닙니다.

삶 속에서, 그리고 내 가족들과 이웃과 형제들 가슴속에서 하느님을 만나지 못하고 주님을 만나지 못하면 바른 신앙생활이라고 할 수 없습니다.

신앙인이란 이웃과 형제들 속에서 하느님을 발견하는 사람들입니다. 사랑과 자비와 용서와 나눔을 베풀면서 만나는 사람 모두를 벗이요 은인으로 만드는 사람들이 바른 신앙인입니다. 신앙인들의 삶이 복된 삶이 되는 이유가 여기에 있습니다.

예수님께서는 이렇게 말씀하셨습니다. "너희를 받아들이는 이는 나를 받아들이는 사람이고, 나를 받아들이는 이는 나를 보내신 분을 받아들이는 사람이다. 내가 진실로 너의에게 말한다. 이 작은 이들 가운데 한 사람에게 그가 제자라서 시원한 물 한 잔이라도 마시게 하는 이는 자기가 받을 상을 결코 잃지 않을 것이다."

우리가 이웃들을 만나는 것은 예수님을 만나는 것입니다. 우리가 보잘것없는 형제 한 사람에게 베푼 것이 곧 예수님에게 베푼 것이고 하느님께 베푼 것이 됩니다.

우리들의 눈이 열려서 보잘것없는 형제들 가슴속에 살아 계시는 하느님의 모습, 예수님의 모습을 발견할 수 있어야 비로소 신앙인다운 신앙인이 됩니다. 우리가 매일 만나는 사람들 안에서 하느님을 찾지 못하고, 엉뚱한 곳에서 찾으려고 하기 때문에 신앙과 생활이 따로 분리됩니다.

　우리의 눈에서 탐욕과 증오와 어리석음의 그림자를 걷어냅시다. 가슴속에 쌓인 원망과 미움, 원한의 찌꺼기들을 치웁시다. 그리고 맑고 밝은 눈으로 이웃과 형제들 안에서 하느님의 모습, 예수님의 모습을 봅시다. 그리고 우리 스스로도 또 다른 예수가 되어서 이웃과 형제들에게로 다가갑시다. 사랑하고 용서하고 나누면서 축복받는 생활을 하시기 바랍니다. 늘 이웃과 형제들 가운데서 하느님의 모습을 발견하려고 애쓰시는 여러분들에게 주님께서 큰 축복 내려 주시기를 기원합니다.

연중 제 15주일
- 이사야 55,10-11
- 로마 8,18-23
- 마태오 13,1-23

씨 뿌리는 사람 예수

사람은 누구나 가슴속에 꿈을 간직하고 있습니다. 그 꿈은 사람마다 다릅니다. 어린이들은 어린이 나름의 꿈이 있습니다. 청소년은 청소년의 꿈이, 청년과 어른들은 또 다른 꿈을 지니고 있습니다.

저도 어린 시절부터 하나의 꿈을 가슴속에 간직하고 있었습니다. 그것은 사제가 되는 꿈이었습니다. 초등학교 5학년 때 세례를 받고, 본당 신부님의 미사를 도와주는 복사를 서면서 사제가 되고 싶다는 꿈을 꾸기 시작했습니다. 열다섯 살이 되는 해, 지금은 문을 닫고 없어진, 소신학교에 입학했습니다. 제2차 바티칸공의회가 막을 올린 이듬해, 1963년도에 소신학교에 입학했습니다.

그 시절 소신학교는 지금은 상상하기조차 힘든 중세식 수도원과 같았습니다. 새벽 다섯 시에 일어나서 밤 아홉 시 잠들 때까지 다람쥐 쳇바퀴 돌 듯 규칙적인 생활 속에서 기도와 전례, 그리고 수업에 열중했습니다. 방학 때 고향집으로 내려가는 것 말고는 외출이나 외박도 없었습니다. 매일 함께 생활하던 동기들이 짐을 싸들고 집으로 돌아가는 모습을 보면서, 나는 어떻게든 살아남아 사제가 되어야 한다는 생각에 신학교 생활에 더욱 열중했습니다.

1965년 말 제2차 바티칸 공의회가 끝났습니다. 이듬해 1966년도 저는 대신학교로 진학하게 되었는데, 너무나 혼란스러웠습니다. 공의회가 끝난 후 교회는 거센 폭풍우에 휩싸인 꼴이었습니다. 전 세계적으로 수천 명 사제들이 교회를 떠나 환속했고, 수도자들은 옷을 벗고 수도원을 떠났습니다. 수많은 수도원들이 문을 닫았습니다.

저의 눈앞에서도 충격적인 일들이 벌어졌습니다. 사제를 양성하는 대신학교의 학장 신부들이 줄줄이 신학생들이 지켜보는 앞에서 환속하여 결혼했던 것입니다. 극도의 혼란 속에서 저도 어찌해야 할지를 몰라 이리저리 방황했습니다.

1970년대 초 군대를 제대하고 복학을 앞둔 저는 깊은 고민에 빠졌습니다. 신학교로 돌아가서 사제가 되는 길을 갈 것인지 아니면 취직해서 사회에 진출할 것인지 결정해야 하는 순간이 온 것입니다.

그때 저는 결정을 내리기 위해 기도하면서 저의 가슴을 들여다보았습니다. 놀랍게도 제 가슴속에는 작은 싹 하나가 자라고 있었습니다. 그것은 사제 성소의 싹이었습니다. 저는 제 가슴속에 사제 성소의 싹이 자라고 있다는 사실을 깨닫는 순간 좌고우면(左顧右眄)하지 않고 복학하기로 결정하고 신학교로 돌아갔습니다.

10년이면 강산도 변한다고 합니다. 저는 복학하기 전 10년 동안 꼭 사제가 되어야겠다는 확신은 없었지만 나름대로 제 마음 밭을 가꾸고 있었던 것입니다. 그리고 제 가슴속 마음 밭 한가운데 사제 성소의 씨앗이 싹을 틔우고 자라고 있다는 사실을 발견했습니다. 나중에야 알게 되었지만, 그 씨앗은 스승이신 예수님이 뿌려주신 것이었습니다.

복학한 이후, 저에게는 여러 가지 고민도 많았고 유혹도 많았습니다. 이런저런 시련의 비바람도 불어왔습니다. 그렇지만 저는 제 가슴속에 자라고 있는 사제 성소의 씨앗을 키우기 위해서 제 마음 밭 가꾸는 일을 게을리하지 않았습니다.

저는 제 마음 밭이 온갖 잡다한 인간 군상들이 밟고 다니는 길바닥 같은 곳이 되지 않도록 울타리를 치고 지켰습니다. 제 마음 밭이 소란함과 분란으로 장터가 되면 사제 성소의 싹을 키울 수 없기 때문입니다. 소란한 시장바닥은 자신의 이익을 추구하느라 이웃에 대해서는 무관심한 곳입니다.

여러분도 경험하시는 바이지만 세상에서 무관심처럼 무서운 병은 없습니다. 하느님 나라에 대한 무관심, 이웃과 형제들에 대한 무관심은 마음 밭을 아무것도 자랄 수 없는 딱딱한 곳으로 만들고 맙니다. 제가 길바닥 같은 마음 밭을 지녔더라면 예수께서 뿌리신 사제 성소의 씨앗은 싹도 트지 못하고 새에게 쪼아 먹히듯 어디론가 사라지고 말았겠지요.

저는 제 마음 밭이 길바닥 같은 곳이 되지 않도록 가꾸어야 했지만 동시에 온갖 돌멩이와 자갈로 가득한 돌밭이 되지 않도록 노력했습니다. 여러분이나 저나 가슴속에 갖가지 욕망의 덩어리들을 품고 있습니다. 식욕과 성욕은 본능적인 인간 욕망입니다. 식욕을 통해서 나를 보존할 수 있게 되고 성욕을 통해서 종족을 보존하게 됩니다. 그러나 본능적인 이 욕망들이 도를 넘치면 인간은 짐승으로 변하고 맙니다. 여기에 더해 권력욕, 명예욕, 재물욕, 출세욕, 향락욕 따위에 짓눌려 욕망의 노예가 되면 그때부터 지옥을 만들게 되고 지옥을 살게 됩니다.

저는 사제 성소의 싹이 제 마음 밭에 뿌리를 내리게 하려고 끊임없이 이런 욕망들과 싸워야 했습니다. 제 마음 밭이 흙은 별로 없고 욕망의 돌멩이들만 수북한 돌밭이 된다면 사제 성소의 싹은 뿌리를 내리지도 못하고 말라 죽고 말았을 것입니다.

저는 지금도 제 가슴속에 어떤 돌멩이들이 있는지 살펴봅니다. 그리고 그 욕망의 돌멩이들을 치워내려고 노력하고 있습니다. 그렇지만 욕망의 돌멩이들을 내다 버린다는 것이 쉽지 않습니다. 잠시만 방심하면 언제 어디서 들어왔는지 온갖 욕망의 돌멩이들이 제 가슴 한가운데를 차지하고 있습니다.

욕망의 돌멩이들을 치워내는 것도 버거운 판인데, 제 가슴속에는 잡초와 가시덤불도 무성합니다. 이웃과 형제들에 대한 미움과 증오, 원망과 원한의 가시덤불, 시기와 질투의 잡초들은 제 가슴속에서 자라는 사제 성소의 싹을 질식시키는 무서운 것들입니다.

사랑과 용서, 온유와 자비의 마음 밭을 가꾸지 못하면 사제가 된다고 한들 어떻게 바르게 사목자의 소명을 수행할 수 있겠습니까?

저는 끊임없이 제 마음 밭에서 미움과 증오, 원망과 원한의 가시덤불을 잘라내고, 시기, 질투, 편견, 시샘의 잡초들을 제거하기 위해서 노력합니다.

저는 사제로서 예수님께서 뿌려주신 성소의 씨앗을 백 배, 예순 배, 서른 배 열매 맺을 만한 그런 비옥한 마음 밭을 아직도 못 갖추고 있다는 사실을 잘 압니다. 그렇지만 더욱 열심히 노력해서 제 마음 밭을 사제 성소의 씨앗이 풍성하게 열매 맺는 비옥한 밭으로 만들어 갈 것을 다짐하고 있습니다.

요즘 시외로 나가면 온 천지가 짙은 녹음으로 충만한 생명력을 느낄 수 있습니다. 논에는 벼들이 줄지어서 자라고 밭에는 갖가지 작물들이 싱싱한 모습으로 자신들을 뽐냅니다. 작물들이 푸르고 싱싱하게 자라는 모습을 보기만 해도 기분이 좋습니다. 보는 것만으로도 가슴이 뿌듯하고 마음이 배부릅니다. 그러나 그 뒤에는 농부들의 피땀 어린 노고가 있습니다. 농부들의 노고는 눈에 보이지 않지만 줄지어 자라는 벼와 푸르고 싱싱한 갖가지 작물들의 모습으로 얼마나 힘들여 농사를 지었는지 알 수 있습니다.

게으른 농부들의 논밭은 한눈에 알아볼 수 있는데, 농작물보다 잡초가 더 무성합니다. 가꾸지 않았기 때문에 보기에도 좋지 않을 뿐 아니라, 조만간 그 논밭은 못 쓰는 땅으로 바뀌고 맙니다. 이런 논밭에서는 수확기가 되어도 거두어들일 것이 없습니다.

우리 인생살이도, 신앙생활도 비슷합니다. 땀 흘리고 가꾼 만큼 거두게 됩니다. 그것이 인생의 법칙이자 농사의 원칙입니다.

주님 예수님은 씨 뿌리고 밭 가꾸는 농부로 오셨습니다. 씨 뿌리고 농사짓는 농부의 심정은 다 같습니다. 풍성한 결실을 거두고 싶어합니다. 예수님도 농사꾼이므로 당연히 풍성한 결실을 거두고 싶어 합니다. 예수님이 뿌리는 씨앗은 하느님 나라 즉 복음의 씨앗입니다.

예수님은 당신의 제자인 우리들의 가슴을 밭으로 삼아서 복음의 씨앗을 뿌리는 농부입니다. 우리들의 가슴은 하느님 나라가 자라날 수 있는 유일한 밭입니다. 솔직하고 겸허한 눈으로 우리 마음 밭을 살펴보면 좋겠습니다. 나의 마음 밭은 길바닥 같은 밭인지, 돌멩이 가득한 자갈밭인지, 가시덤불 무성한 잡초밭인지, 아름답고 비옥한 밭인지 살펴보면 좋겠습니다.

여러분들이 아름답고 비옥한 마음 밭을 가꾸셔서 하느님 나라를 백 배 열매 맺는 은총과 축복을 누리시기를 기도합니다.

연중 제 16주일

- 지혜서 12,13.16-19
- 로마 8,26-27
- 마태오 13,24-43

선과 악이 혼재하는 세상

오늘 복음을 통해서 예수님께서는 밀과 가라지의 비유를 들려줍니다. 이 비유를 통해서 하느님의 밭인 이 세상에서 우리가 어떻게 살아야 하는지, 어떻게 말하고 처신해서 어떤 열매를 맺어야 하는지 가르쳐 주십니다.

우리가 지금 살고 있는 이 세상에는 수십억 명의 사람들이 살고 있습니다. 백인백색이라는 말대로 같은 사람은 없습니다. 모두 다른 모습, 다른 삶을 살고 있습니다. 그렇지만 두 부류로 나누어 볼 수 있습니다. 한 부류는 밀이고, 다른 한 부류는 가라지입니다.

밀에 대해서는 설명하지 않겠습니다. 그러나 가라지에 대해서는 약간의 설명이 필요합니다. 밀과 가라지는 이삭이 패기 전까지는 잘 구별할 수 없습니다. 우리 논에 벼와 함께 자라는 피를 연상해 보시면 알아들을 수 있습니다. 벼와 피는 비슷하게 생겨서 어릴 때는 잘 구별할 수 없지만, 이삭이 패면 확연히 구별됩니다.

가라지는 일종의 강아지풀인데 독보리라 합니다. 겉모습이 밀과 흡사해서 잘 구별이 되지 않습니다. 가라지 풀은 이삭이 팬 후에도 그 모습이 밀과 흡사합니다. 가라지는 추수 때가 되어서 거두어들인다 해도 먹을 수 없을 뿐 아니라 그 씨앗들이 밀밭에 떨어지면, 강한 생명력 때문에 밀밭을 망치게 됩니다. 어쩔 수 없이 거두어서 불태워야 합니다.

우리가 살고 있는 세상은 밀밭입니다. 밀밭에 좋은 밀과 나쁜 가라지가 뒤섞여 자라듯이, 이 세상에도 선인과 악인 즉 밀과 가라지가 뒤섞여 삽니다.

어떤 사람은 이렇게 말합니다. "하느님이 계시기나 하는가? 하느님이 계시다면 어찌해서 저런 못된 인간들이 득세하고 저런 나쁜 사람들이 잘먹고 잘살고 떵떵거리는가? 만일 하느님이 계신다면 그 하느님은 무능할 뿐 아니라 선악도 구별 못하는 존재가 아닌가? 하느님이 계신다면 저런 악인들은 모조리 쓸어서 지옥 불에 처넣어야 하지 않는가? 어째서 나는 이렇게 착하고 열심히 사는데 제대로 되는 일도 없고, 이렇게 힘들고 가난하게 살아야 하는가? 하느님은 불공평하지 않는가?"

남에게 해코지나 하고 늘 못된 짓이나 하는 사람들이 돈도 잘 벌고 잘 삽니다. 한편 착하게 열심히 살면서도 늘 가난하고 짓밟히며 힘들게 사는 사람들도 많습니다.

본래 밀밭에는 가라지도 있고 잡초도 함께 자라기 마련입니다. 더구나 우리는 누가 밀이고 누가 가라지인지, 누가 선인이고 누가 악인인지 겉모습만 보고는 구별할 길이 없습니다. 어떤 사람은 천사같이 생겼는데 하는 짓은 악마 짓만 골라서 하고, 어떤 사람은 험상궂게 생겼는데 착하고 여리기 짝이 없습니다. 헷갈리는 세상입니다.

그렇다고 해서 밀이 잡초나 가라지를 부러워하거나 닮아야 할 이유는 없습니다. 가라지가 아무리 푸르고 무성하고 또 보기에 좋은 열매를 맺는다고 하더라도 가라지는 가라지일 뿐 밀이 아닙니다. 그러니 가라지를 시기하거나 부러워할 까닭이 없습니다. 언젠가 그가 맺는 열매를 보면 그 사람이 밀인지 가라지인지 구별할 수 있게 됩니다.

우리 주변에도 놀부같은 심보로 사는 사람들이 한두 사람이 아니지요. 자기 못 먹을 밥이라고 재 뿌리고, 불난 집에 부채질하고, 남의 호박에 말뚝 박고, 자빠진 놈 밟고 가고, 힘없는 사람 등쳐먹고, 속이고 훔치고 빼앗으면서 사는 사람들… 그래도 그들은 떵떵거리면서 잘먹고 잘삽니다. 그렇지만 우리가 그들을 배 아파해야 할 이유가 없습니다. 그래 봐야 그들이 놀부 이상은 안 되기 때문입니다.

우리 인생살이의 밭에는 어떤 경우에도 요행이나 우연이란 없다는 사실을 알아야 합니다. 뿌린 대로 거두고 심은 대로 거두기 마련입니다. 복(福)을 심고 뿌린 사람은 복을 받고, 벌받을 짓을 한 사람은 재앙(災殃)을 거두기 마련입니다.

명심보감(明心寶鑑) 천명편(天命篇)에는 이런 가르침이 있습니다. "종과득과(種瓜得瓜)하고 종두득두(種豆得豆)하니, 천망회회(天網恢恢)

하나 소이불루(疎而不漏)니라."

풀어보면 이렇습니다. **종과**(種瓜) 오이를 심으면, **득과**(得瓜) 오이가 열리고, **종두**(種豆) 콩을 심은 자리에서는, **득두**(得豆) 콩을 거둔다. 천망(天網) 하늘의 그물이, **회회**(恢恢) 넓고 넓어서, **소이**(疎而) 엉성하고 성기어 보이지만, **불루**(不漏) 새는 법이 없다.

하늘은 결코 무심하지 않을 뿐 아니라, 우리 인간은 어떤 경우에도 하늘을 속일 수 없습니다. 하늘은 속지도 않습니다. 오이를 심어놓고 수박이나 호박을 거두겠다고 덤비면 그것은 도둑 심보입니다. 콩을 심어놓고 팥을 거두겠다고 해도 안 됩니다. 하늘의 섭리와 법칙은 오이 심은 데서 오이가 달리고, 콩 심은 데서 콩이 달리게 하는 것입니다.

착한 일을 하고 선을 행하면 복(福)이 돌아옵니다. 나쁜 일을 하고 악을 행하면 화(禍)가 돌아옵니다. 사랑하는 사람은 사랑을 받고, 용서하는 사람은 용서를 받습니다. 미워하고 증오하면 미움받고 원한과 원망을 삽니다. 뿌린 대로 심은 대로 거두기 때문입니다.

손오공이 뛰어 봤자 부처님 손바닥 안이라고, 인간들이 하느님의 손길을 어떻게 벗어날 수 있겠습니까? 아무도 못 보는 깊고 어두운 곳에서 혼자 하는 짓이라고 해도 하느님의 눈길을 피할 수 없습니다.

우리는 사람을 얼마든지 속일 수 있고, 악한 마음을 먹고 겉으로는 좋은 행동을 할 수 있습니다. 그렇지만 하느님을 속일 수는 없습니다. 그래서 옛사람들은 천망(天網) 하늘의 그물은, 회회(恢恢) 넓고 넓어서, 소이(疎而) 엉성해 보이지만, 불루(不漏) 결코 새는 법이 없다고 가르칩니다.

우리는 늘 하느님께서 지켜보는 가운데 살고 있다는 사실을 명심하여 말하고 처신하고 행동하면 결코 실수하는 법이 없습니다. 그러면 우리는 밀이 됩니다.

우리가 잘못을 저지르게 되는 것은 하늘이 아니라 인간의 눈을 의식하면서 말하고 행동하고 처신하기 때문입니다. 사람들은 아무도 내 속마음을 보지 못하고 알지 못합니다. 그래서 사람들은 속마음을 감추고 겉으로 그럴듯한 가식적이고 위선적인 행동을 합니다. 사람들은 감쪽같이 속아 넘어갑니다. 그때 우리는 가라지가 되고 맙니다.

우리는 하늘을 속이지 못하고 하늘은 속지도 않습니다. 그리고 하늘은 우리 속마음 먹은 대로 갚아줍니다. 오이 심은 곳에서 오이 나게 하고 콩 심은 데서 콩 나게 하는 것입니다.

복(福)은 하늘이 내려줍니다. 우리가 복을 돈으로 사거나 우리 손으로 만들어 낼 수 없습니다. 복은 하늘이 맺어주는 열매이기 때문입니다.

우리가 사는 이 세상은 밭입니다. 우리는 밀이 될 수도 있고, 밀과 비슷하게 생겼지만 가라지가 될 수도 있습니다. 밀이 되어서 복을 거둘 것인지, 가라지가 되어서 재앙을 거둘 것인지는 우리 살기 나름입니다.

여러분과 저는 교회의 텃밭에 심어진 은총 나무입니다. 아름답고 향기로운 은총 열매를 주렁주렁 맺을 수 있기를 축원합니다.

연중 제 17주일

• 1열왕기 3,5-6.7-12
• 로마 8,28-30
• 마태오 13,44-52

밭에 묻혀 있는 보물

신앙생활이 무엇일까요? 신앙생활이란 눈을 뜨고 깨침을 얻는 것이라고 생각합니다. 우리가 하느님을 아버지로, 예수님을 스승이요 주님으로 섬기면서 살아가는 신앙인이 된 것은 눈을 뜨고 깨침을 얻기 위함입니다. 누구든지 눈을 뜨고 깨침을 얻어서 지혜롭게 되면 바른 선택을 할 수 있고 바른 인생길을 걷게 됩니다.

제1독서 열왕기 상권 3장의 이야기는 다윗의 뒤를 이어서 이스라엘의 왕이 된 솔로몬이 하느님께 지혜를 청하는 대목입니다. 솔로몬은 무엇을 원하느냐고 묻는 하느님께 이렇게 대답합니다.

"당신 종에게 듣는 마음을 주시어 당신 백성을 통치하고 선과 악을 분별할 수 있게 해주십시오."(1열왕 3, 9)

하느님께서는 솔로몬이 무병장수나 부귀영화, 막강한 권력을 청하지 않고, 옳은 것을 가려내는 분별력을 청하는 것을 기특하게 여기십니다. 그리고 그에게 그 누구도 따를 수 없는 분별력과 지혜를 주십니다. 솔로몬은 하느님께서 주신 지혜와 분별력으로 이스라엘을 통치하면서 성전을 짓습니다.

　솔로몬은 자신의 분별력으로 지혜롭게 백성들을 다스립니다. 그러자 자연히 나라에 금은보화가 쌓이고 군사력도 강해집니다. 성공에 도취한 솔로몬은 자신의 분별력과 지혜를 하느님께서 주신 것이라는 사실을 망각하고 자기가 잘나서 그렇게 된 줄로 착각합니다. 오만에 빠진 솔로몬은 하느님으로부터 받은 분별력과 지혜를 하느님을 섬기고 백성들을 사랑하는데 사용하지 않고, 자신의 권력을 강화하고 부귀영화와 향락을 누리는 데 사용합니다. 열왕기 상권 10, 14 이하에는 솔로몬이 어떻게 타락하는지 상세하게 기록하고 있습니다.

　솔로몬은 활발한 무역으로 산더미 같은 금은보화를 모았습니다. 그는 자신의 권력과 금은보화로 왕궁을 화려하게 짓습니다. 예루살렘 성전을 짓는 데는 7년이 걸렸지만, 왕궁을 건설하는 데는 13년이나 걸렸습니다. 호화판의 극치였습니다.

　당연히 솔로몬은 많은 여인들을 아내로 두었는데 후궁이 700명이나 되었습니다. 그의 후궁 중에는 이집트 왕 파라오의 딸에서부터 모압 여인, 암몬 여인, 에돔 여인, 시돈 여인, 헷 여인 등 외국 여인들이 많았습니다. 그 여인들은 모두 우상을 섬기는 이방 여인들입니다.

　솔로몬은 우상을 섬기는 많은 여인들 가운데 빠져서 환락을 누리다가 결국은 자신마저도 하느님을 버리고 우상을 섬기게 됩니다. 임금이 왕궁에서 여인들과 함께 사치와 환락에 빠져서 살게 되자 자연히 백성들은 도탄에 빠지게 됩니다.

　솔로몬의 명석했던 머리는 멍청해지기 시작합니다. 선악도 가리지 못하고 전후좌우도 분별하지 못하는 바보가 됩니다. 초롱했던 그의 눈빛도 상한 생선 눈처럼 흐릿해져서 사리를 분별하지 못하게 됩니다.

　솔로몬이 죽고 그의 아들 르호보암이 왕위에 올랐지만, 이스라엘의 열두 지파 중에서 열 지파가 반란을 일으킵니다. 그리고 나라는 북부 이스라엘 왕국과 남부 유다 왕국으로 분단되고 맙니다. 갈라진 이스라엘은 패망의 길을 걷게 됩니다.

　인생살이는 선택과 결단의 연속입니다. 무엇을 어떻게 선택하는가에 따라서 우리들의 삶은 천국이 되기도 하고 지옥이 되기도 합니다. 바른 선택과 결단을 내리기 위해서는 분별력과 지혜가 있어야 합니다.

　소중하고 값진 것을 차지하기 위해서 쓰레기 같은 것들을 버릴 줄 알아야 합니다. 쓰레기에 매달리면 보물과 진주를 놓치게 됩니다. 예수님께서는 밭에 묻힌 보물을 발견한 사람이 자신이 가진 모든 것을 팔아서 보물을 산다고, 값진 진주를 발견한 상인이 그것을 얻기 위해서 자신이 가진 것을 모두 팔아치운다고 말씀하십니다.

　보물은 돌멩이와 함께 밭에 묻혀 있습니다. 그 보물을 보물로 알아보기 위해서는 열린 눈, 밝고 맑은 눈이 있어야 합니다. 보물을 보물로 감식할 수 있는 깨친 눈을 가진 사람만 보물을 가질 자격이 있습니다. 보물과 돌멩이를 제대로 구별할 수 없는 사람은 보물을 가질 자격이 없습니다. 안목이 없는 사람 앞에 보물이 있다 해도 그것이 보물인지 돌멩이인지 알아보지도 못합니다.

한편 보물을 발견했다 하더라도, 그 보물을 차지하기 위해서 과감하게 다른 것을 팔아치울 수 있는 결단력이 있어야 합니다. 결단력이 없는 사람도 보물을 차지할 자격이 없습니다. 이것저것 모두 다 가질 수는 없습니다. 다 가지려고 하다가는 모두 잃기 십상입니다. 별로 소중하지 않은 것들을 과감하게 팔아서 보물이 묻힌 밭을 사는 결단력을 지닌 사람이 보물을 차지할 수 있습니다.

얼마 전 승부 조작에 가담했다가 구속된 축구선수들이 있었습니다. 그들은 돈과 축구선수로서의 명예를 함께 가지려고 하다가 망한 사람들입니다. 부정한 승부 조작에 가담하지 않아도 깨끗한 선수 생활을 하면 돈은 저절로 따라옵니다. 그렇지만 어리석은 축구선수들은 한꺼번에 돈과 인기를 다 차지하려 했습니다. 그러나 그들은 돈도 명예도 한꺼번에 잃고 마는 처량한 신세로 전락합니다.

돈에 눈이 멀어서 승부 조작이라는 유혹에 넘어간 그들은 축구선수의 명예마저도 잃는 어리석음을 범하고 맙니다. 돈이 그들의 눈을 가려 무엇이 보물인지 무엇이 쓰레기인지 분별하지 못하게 된 것입니다. 그들은 한순간의 흐린 판단력 때문에 축구선수로서의 인생 자체를 망쳐버린 것입니다. 쓰레기에 마음을 빼앗겨 진주를 놓쳐버린 꼴이 된 것입니다.

솔로몬도 처음에는 밝고 맑은 눈을 가지고 있었습니다. 그가 하느님께 부귀영화나 권력 또는 무병장수를 청하지 않고 분별력과 지혜를 청한 것은 잘한 일이었습니다. 그의 명석한 지혜는 한 아기를 두고 두 여인이 서로 자기 아이라고 싸울 때, 명쾌한 판단을 내려 아기의 진짜 엄마를 찾아줍니다. 멀리서 시바의 여왕이 솔로몬의 지혜를 듣기 위해 찾아오기도 합니다. 그러나 그는 초지일관(初志一貫) 자신의 지혜를 하느님을 섬기고 백성들을 사랑하는 데 사용하지 못합니다.

　사치와 환락, 여인들과 우상숭배가 그의 눈을 흐리게 만들고 그의 분별력을 흩어 놓습니다. 그는 보물과 쓰레기를 분별하지 못하고 쓰레기 속에 파묻혀서 불행하게 됩니다.

　나자렛 사람 예수님은 우리의 주님이요 스승입니다. 그분이 우리의 주님이요 스승이 되는 까닭이 있지요. 그분은 진리를 보는 눈, 진정한 보물과 진주를 알아보는 맑고 밝은 눈을 지닌 깨친 분입니다. 그뿐 아니라 예수님은 자신이 찾은 진주를 얻기 위해서 자신의 목숨마저도 포기합니다. 하느님의 뜻을 따르고 펼치는 것과 사람을 사랑하는 것, 이것이 예수님이 발견한 보물입니다. 예수님은 이 보물을 차지하기 위해서 자신의 목숨까지도 버립니다.

　십자가 아래에 서 있던 많은 사람들이 예수님의 어리석음을 비웃습니다. 그러나 예수님이 어리석은 것이 아니라 예수님을 십자가에 매단 사람들이 어리석은 것입니다. 예수님은 당신이 찾은 보물을 차지하기 위해서 결단을 내려 목숨까지도 버리기로 작정한 분입니다. 이렇게 십자가에 매달려 죽었던 예수님이 사흘 만에 부활합니다. 예수님의 결단이 옳았다는 증거입니다.

　우리는 눈 밝은 스승 예수님을 통해서 참된 보물을 발견한 사람들입니다. 우리의 신앙이 바로 그 보물이자 진주입니다. 쓰레기에 도취되어 이 보물을 놓치는 어리석음에 빠지지 않기를 바랍니다. 지금 여러분들 앞에 한 알 진주와 한 트럭 분의 쓰레기가 있습니다. 여러분은 무엇을 선택하시겠습니까? 한 트럭의 쓰레기를 선택하시겠습니까? 한 알 진주를 선택하시겠습니까? 결정은 여러분들이 하실 일입니다. 그리고 결정에 대한 책임도 여러분이 감당하실 일입니다.

연중 제 18주일
- 이사야 55,1-3
- 로마 8,35.37-39
- 마태오 14,13-21

너희가 먹을 것을 주어라

　오늘 복음 말씀은 우리로 하여금 나눔과 내어줌에 대해서 심각하게 생각하게 합니다. 예수님께서는 제자들에게 '너희가 먹을 것을 주어라.'하고 말씀하십니다. '먹을 것'이라는 것이 무엇입니까? 그것이 단순히 육신의 배를 채울 수 있는 밥이나 빵을 말합니까? 그렇지만 사람은 빵이나 밥만 먹고 살 수는 없습니다.

　예수님은 출가하신 후 40일 동안 광야에서 먹지도 마시지도 않고 기도에 전념하면서 인간이란 어떤 존재인지, 인간의 참 행복과 구원은 어디에 있는지, 인간이 인간답게 살 수 있는 길이 무엇인지 고뇌하고 있었습니다. 40일 동안 단식하신 예수님의 체력은 소진되어 더 버틸 수 없는 지경에 이르렀습니다.

　의학자들은 인간이 아무것도 먹지 않고 보름 이상 버틸 수 없다고 말합니다. 그러나 예수님은 40일 동안 아무것도 먹거나 마시지 않고도 살아남았으니 초인적인 체력을 지닌 분임에 틀림이 없습니다. 그렇더라도 몹시 시장했던 것이 틀림없습니다.

그때 유혹자가 나타납니다. 그리고 돌멩이들을 빵으로 만들어서 주린 배를 채우고 또 굶주리고 있는 가난한 이웃들도 먹이도록 유혹합니다. 예수님은 단호하게 이렇게 대답합니다. "사람은 빵만으로 살지 않고 하느님의 입에서 나오는 모든 말씀으로 산다."(신명 8, 3; 마태 4, 4)

사람은 본능적인 두 가지 욕망을 지니고 있습니다. 이 본능 때문에 세상은 돌아가고 있는지도 모릅니다. 식욕(食慾)과 성욕(性慾)이 바로 그것입니다. 식욕(食慾)이란 '나'라는 개체를 보존하기 위한 본능입니다. 생명 있는 존재들은 먹지 않으면 죽습니다. 성욕(性慾)은 종족 보존의 본능입니다. 이 두 본능이 오늘까지 인류를 존속시키는 원동력입니다.

만일 인간들이 이 두 본능에만 집착한다면 어떻게 되겠습니까? 짐승보다 못한 존재, 추하고 흉악한 존재가 되어서 인류는 일찌감치 절멸하고 말았을 것입니다.

인간은 동물이지만 하느님의 모상으로 창조된 존재입니다. 사랑과 절제(節制), 윤리 도덕이라는 질서가 식욕과 성욕을 뒷받침할 때 인간은 인간다운 인간이 됩니다. 사랑과 절제, 질서가 빠진 식욕과 성욕은 인간을 짐승으로 만들게 됩니다. 하느님의 모상을 잃고 인간이 짐승이 되면 인간 상실, 인격 파괴가 뒤따릅니다. 인격이 파괴된 괴물같은 인간이 머무는 공동체는 지옥으로 변하게 됩니다.

예수님이 돌을 빵으로 만들어 굶주린 배를 채워 보라는 유혹을 단호하게 거절하고 '사람은 빵만으로 사는 것이 아니라 하느님의 말씀으로 산다.'고 하신 이유도 여기에 있습니다. 인간이 배만 부르다고 인간이 되는 것이 아니라, 하느님의 말씀을 먹어야 비로소 사람다운 사람이 됩니다.

오늘 예수님은 오천 명이 넘는 군중을 앞에 두고, 제자들에게 '너희가 그들에게 먹을 것을 주어라.' 하십니다. 제자들은 겨우 빵 다섯 개와 물고기 두 마리를 내놓습니다.

오천 명이 넘는 군중 앞에 빵 다섯 개와 물고기 두 마리는 있으나마나 한 것입니다. 제자들이 군중을 앞에 두고 빵 다섯 개와 물고기 두 마리를 꺼내 놓았을 때, 그것으로 군중들의 배를 불리겠다고 생각하지는 않았을 것입니다.

예수님은 그것들을 손에 들고 하늘을 우러러 찬미를 드리신 다음 떼어서 나누어 주기 시작합니다. 놀라운 일이 그때부터 벌어집니다. 오천 명이 넘는 사람들이 다 배불리 먹습니다. 그리고 남은 조각들을 모았더니 열두 광주리나 되었습니다.

예수님이 나누어 주신 것은 빵조각과 물고기입니다. 그러나 그 빵과 물고기를 먹었던 사람들은 빵과 물고기를 먹었던 것이 아니라 예수님의 큰 사랑, 대자대비를 먹었습니다. 그들은 배가 불렀던 것이 아니라, 가슴이 벅차올랐습니다.

군중들은 한 조각 빵을 얻기 위해서 예수님을 향해 손을 내밀었던 것이 아닙니다. 예수님의 큰 사랑을 받기 위해서 손을 내밀었고, 그들이 손에 받아든 것은 단순한 빵 조각이 아니라 예수님의 큰 사랑과 은총이었습니다. 그들은 그것을 먹고 배가 불렀던 것이 아니라 벅차오른 가슴으로 영혼이 충만했던 것입니다.

그날 군중들 앞에 산더미 같이 많은 빵이 있었더라면, 예수님은 제자들에게 '너희가 먹을 것을 주어라.'하시지 않았을 것입니다. 그리고 군중이 그 빵을 배 터지게 먹었더라도 배는 불렀겠지만, 가슴은 허전하기 이를 데 없었을 것입니다.

많은 사람들이 집도 절도 없이 떠도는 랍비 예수님, 머리 둘 곳조차 없는 가난한 목수 출신 예수님 앞에 모였던 것은 빵으로 배를 채우기 위함이 아니었습니다. 그들은 배가 고파서 예수님을 찾아온 것이 아니라, 삶이 고달프고 가슴이 허전하고 영혼이 고파서 예수님 앞에 모였던 것입니다. 그들은 식욕을 충족시키고자 예수님 앞에 모였던 것이 아니라, 하느님으로부터 사랑받는 사람이 되고자 모였던 것입니다.

제자들 역시 그 군중들을 배불리겠다고 빵 다섯 개와 물고기 두 마리를 내놓은 것은 아닙니다. 그렇지만, 그 빵 다섯 개와 물고기 두 마리 안에는 자신들의 모든 것을 내놓는 제자들의 정성과 예수님의 대자대비 큰 사랑이 담겨 있었습니다. 그날 예수님으로부터 빵조각과 물고기를 받아먹었던 사람들은 자신들이 사랑받고 있다는 사실에 감격했을 것이 틀림없습니다.

우리는 오늘 예수님의 초대를 받고 이 거룩한 성찬의 전례에 나왔습니다. 우리는 육신의 배가 고파서 이 성당에 모이지 않았습니다. 여러분이 아무리 열심히 성당에 나오신다 하더라도 밥 한 그릇

생기지 않습니다. 그럼에도 불구하고 우리는 밥보다 더 소중하고 필요한 것이 있어서 이 자리에 나왔습니다. 예수님 역시 우리의 식욕을 충족시키고자 우리를 이 자리에 초대하신 것이 아닙니다. 예수님은 우리에게 말씀과 성체를 나누어 주시려고 우리를 초대하셨습니다.

우리는 오늘 이 성찬의 식탁에서 예수님께서 들려주시는 생명의 말씀을 듣습니다. 이 말씀은 우리 삶의 길잡이가 됩니다. 우리가 한 주간 동안 어떻게 살아야 잘 살 수 있는지, 어떻게 하면 서로 사랑과 평화, 기쁨과 희망을 나누면서 행복하게 살 수 있는지, 무엇보다도 하느님의 자녀로서 주변을 밝고 맑고 향기롭게 할 수 있는지 그 길을 밝혀줍니다. 여러분이 한 주간동안 생활하시면서 어떤 문제와 부딪쳐서 그 답을 찾을 수 없다면 오늘 들으신 말씀을 다시 되새겨보시면 좋겠습니다. 틀림없이 해답을 얻을 수 있습니다.

우리는 오늘 이 성찬의 식탁에서 예수님의 성체를 먹습니다. 예수님의 성체를 먹는 우리는 예수님과 하나가 됩니다. 예수님과 하나가 된 우리는 예수님의 힘, 예수님의 생명으로 살아가게 됩니다. 예수님으로부터 빵과 물고기를 받아먹었던 사람들이 벅찬 가슴으로 각자의 집과 일터로 돌아가서 나자렛 사람 예수의 그 큰 사랑과 축복을 이웃과 형제들에게 증언하였을 것이 틀림없습니다. 오늘 우리도 이 성찬의 식탁에서 예수님의 성체를 먹고 그분의 생명을 나누어 누립니다. 우리도 예수님의 큰 사랑과 축복을 이웃과 형제들에게 나누어 주고 증거해야 합니다. 가정과 일터에서 우리의 삶이 예수님의 향기를 풍기는 삶이 되어야 합니다.

마지막으로 우리도 예수님처럼 내어줌의 삶, 나눔의 삶을 살아야 합니다. 혼자 누리겠다고 움켜쥐고 있으면 그것들을 틀림없이 썩습니다. 썩는 곳에서는 악취가 나기 마련입니다. 악취가 나면 많은 사람들을 불행하게 만듭니다.

그러나 나누고 내어주면 많은 사람들이 함께 배부르게 되고 기뻐합니다. 함께 누릴 수 있기 때문입니다. 나눔과 내어줌은 다함께 살아나는 길이자, 행복의 바탕입니다. 하늘나라[天國]는 나누고 내어주는 곳에 있습니다.

더위가 맹위를 떨치는 한여름입니다. 나눔과 내어줌의 삶으로 여름 더위를 극복하고 건강하게 생활하시기를 기도합니다.

연중 제 19주일

1열왕 19,9.11-13
로마 9,1-5
마태오 14,22-33

스승님은 참으로 하느님의 아드님이십니다

오늘 복음 말씀의 주인공은 당연히 예수님입니다. 그분의 길을 뒤따르던 저도 참으로 많은 시련과 유혹, 아픔과 걸림돌들이 있었음을 고백하지 않을 수 없습니다. 동시에 오늘까지 살아남아서 이 자리에서 사제로서 저의 삶을 이야기할 수 있도록 해주신 하느님과 스승 예수님께 감사드립니다.

예수님은 제가 베드로처럼 물에 빠져서 허우적거릴 때마다 손을 내밀어 저를 건져 올리셨습니다. 어떤 때는 익사 직전의 위험에 빠진 적도 있습니다. 예수님은 그때도 저를 건져 올려 인공호흡까지 해주셨습니다. 오늘의 제가 이런 모습으로 건재한 것은 전적으로 스승 예수님 덕분입니다. 저는 지금도 위태로운 물 위를 걷고 있습니다. 그렇지만 이제는 예수님이 저를 지켜보고 계신다는 사실을 알기 때문에 두려워하지 않습니다.

오늘이 있기까지 저의 지난날의 모습, 그리고 오늘의 삶의 되돌아보면 참으로 부끄럽기 짝이 없습니다. 저도 베드로 사도처럼 물 위를 걷게 해달라고 예수님께 청했습니다. 예수님은 저를 베드로처럼 물 위를 걷게 해주셨습니다. 그래서 저는 사제가 되어 교회라는 물 위를 걷기 시작했습니다.

저는 교회 공동체라는 물 위를 걸으면서 어떤 때는 의기양양 오만한 발걸음을 떼어놓기도 했습니다. 제가 능력이 있거나 잘나서 교회라는 물 위를 걷는 줄 알았습니다. 가끔 제 주위의 인물들이 저를 향해서 박수를 보내면서 정말 물 위를 잘 걷는다고 칭찬과 찬사를 보내기도 했습니다. 그럴 때마다 저는 자신이 대단한 인물이나 되는 듯 우쭐했습니다. 그리고 자주 눈에 보이는 성과나 결과를 얻고 싶은 유혹에 빠지곤 했습니다.

예수님의 손길은 눈에 보이지 않습니다. 그러나 가시적인 결과나 성과는 눈에 보입니다. 그래서 눈에 보이는 것에 의존해서 서려는 유혹에 자주 빠지곤 했습니다.

사제로서 사목을 하면서 마치 회사를 경영하듯이 수치로 나타나는 결과나 성과를 얻으려고 노력하기도 했고, 거창한 행사를 요란하게 벌려서 교우들의 인기와 관심을 모으려고 애를 쓰기도 했습니다. 때로는 건물을 짓거나 시설 따위 눈에 보이는 것들을 뜯어고쳐서 가시적 업적을 남기겠다는 생각을 품기도 했습니다. 그러나 수치로 나타나는 성과나 가시적인 업적에 매달린다는 것은 어리석음이라는 사실을 지금 깨닫고 있습니다.

사제요 사목자인 저의 소명은 여러분들이 하느님 나라 천국[天國]

을 지금 여기서 누리도록 하는 것, 즉 여러분들이 하느님의 큰 사랑 속에 머물고, 스승 예수님을 더욱 생생하게 만나게 하는 것입니다. 그렇게 하기 위해서 저는 물에 빠지지 않고 흔들림 없는 발걸음으로 물 위를 잘 걸어야 할 필요도 있습니다.

제가 교회라는 물 위를 잘 걷기 위해서는 다른 도리가 없습니다. 철저하게 스승이요 주님이신 예수님께 귀의하는 것, 그리고 예수님이 기도의 사람이었던 것처럼 저도 기도하는 사람이 되는 것입니다. 말하자면 예수님의 손을 잡고 물 위를 걷는 것만이 제가 물에 빠지지 않는 유일한 방법입니다.

그렇지만 저는 자주 제 재주와 힘으로 물 위를 걸으려고 덤벼들었습니다. 또한 수치로 나타나는 결과나 가시적인 성과라는 배를 타고 물을 건너려 했습니다. 그럴 때마다 제 앞에는 여러 가지 파도와 바람이 밀려왔습니다. 그리고 저는 물에 빠지는 위기를 당했습니다.

여자라는 바람이 불기도 하고, 돈이나 개인적인 욕망이라는 파도가 밀려오기도 하고, 인기와 명예를 얻으려는 갈망이 파도처럼 밀려왔습니다. 저는 안락과 나태, 게으름과 오만의 물에 빠져서 허우적거리기 일쑤였습니다.

다행히 저는 물에 빠질 때마다 예수님께 건져 달라고 애원했습니다. 예수님은 그럴 때마다 손을 내밀어 저를 구해주셨습니다. 오늘 제가 이런 모습으로 여러분들 앞에 서 있을 수 있는 것도 예수님이 저를 붙들어 주시기 때문입니다.

제가 만일 기도하기를 게을리했더라면 오늘 이 자리에 이런 모습으로 서 있지 않을 것입니다. 저는 기도를 통해서 예수님의 손을 잡았고 아직도 사제로서 그분 뒤를 따르고 있습니다.

오늘 제자들은 예수님 앞에 엎드려 절하며 이렇게 고백합니다. "스승님은 참으로 하느님의 아드님이십니다." 저도 예수님을 하느님의 아드님으로 믿고 있습니다.

예수님이 하느님의 아드님이 되시는 이유가 어디에 있습니까? 그분이 물에 빠지지 않고 걷는 능력을 가졌거나, 파도와 바람을 잠잠케 할 수 있는 힘이 있기 때문에 하느님의 아들입니까?

예수님이 하느님의 아들이 되는 이유는 그분이 기도하는 사람이기 때문입니다. 저는 예수님이 하늘을 날아다니는 슈퍼맨이라 하더라도, 그분이 기도하지 않는 분이라면 그분을 믿지 않겠습니다.

물 위를 걷는다거나 하늘을 날아다니는 능력이 대단한 능력입니까? 요즘 현대인들은 예수님이 상상도 하지 못했던 능력을 발휘합니다. 물 위를 걷는 정도가 아니라 물속을 자유자재로 다니고, 하늘을 나는 정도가 아니라 달에까지 갔다 오기도 합니다. 그렇다고 그들을 하느님의 아들이라 하지 않습니다.

예수님은 철저하게 하느님께 귀의하고 기도하는 분입니다. 그래서 예수님은 당신 삶의 목표인 십자가를 향해서 흔들림 없는 발걸음으로 나아갈 수 있었습니다. 그리 길지 않은 예수님의 생애에 수많은 유혹과 시련의 파도가 밀려왔습니다. 특별히 십자가의 죽음을 눈앞에 두고 예수님은 심하게 흔들립니다. 겟세마니 동산에서 예수님은 피땀을 흘리면서 이렇게 기도합니다.

"아버지, 아버지께서 원하시면 이 잔을 저에게서 거두어 주십시오. 그러나 제 뜻이 아니라 아버지의 뜻이 이루어지게 하십시오."(루카 22, 42)

끝내 예수님은 큰 유혹을 물리치고 십자가의 길로 나아갑니다. 유대인들은 예수님을 십자가에 매달고 이렇게 조롱합니다. "네가 하느님의 아들이라면 십자가에서 내려와 보아라."(마태 27, 40) 그렇지만 예수님은 무력하고 처참한 모습으로 십자가에서 죽고 맙니다.

저는 십자가의 죽음을 회피하거나, 십자가에서 보란 듯이 내려와 자신이 하느님의 아들이라고 당당히 그 권능을 뽐내는 예수를 하느님의 아들이라고 믿지 않습니다. 저는 무능하고 무력한 모습으로 처참하게 십자가에 매달려 죽은 허약하기 짝이 없는 목수 예수님을 하느님의 아들이라고 고백합니다.

자기 목숨 하나도 구하지 못하는 무능하고 무력한 예수님을 하느님의 아들이라 고백하는 이유는 그분이 기도하는 사람이기 때문입니다. 온전히 하느님께 귀의한 예수님은 기도를 통해서 하느님과 하나되셨고, 흔들리지 않는 발걸음으로 십자가를 향해 나아갈 수 있었습니다.

여러분들도 하느님 나라를 향한 인생 여정을 걸어가면서, 수많은 시련과 유혹, 감당할 수 없는 큰 폭풍우를 만나기도 합니다. 그때 여러분은 무엇에 의지해서 서 있을 작정입니까? 돈이나 재물, 재능과 재주, 학식이나 명예 따위, 젊음이나 건강 또는 온갖 인맥과 권력에 기대어 서 있을 작정입니까? 그것들이 폭풍우에 휩싸인 여러분을 구해줄 것 같습니까? 그럴지도 모르겠습니다. 그러나 저는 무능하고 무력하게 십자가에 매달린 저 사나이 스승 예수님께 의지하겠습니다. 베드로를 물에서 건져 올리신 예수님만이 우리 인생의 답입니다.

연중 제 20주일
- 이사야 56,1.6-7
- 로마 11,13-15.29-32
- 마태오 15,21-28

예수님께 올리는 편지
-개 같은 내 인생

예수님께 이 글을 올립니다. 기억하실지 모르겠습니다만, 저는 티로 시돈 지방에 살고 있는 이름 없는 가나안 여인입니다. 당신은 호되게 마귀 들린 제 딸을 고쳐주신 분입니다. 경황이 없어서 감사의 인사도 드리지 못했기에 이렇게 편지를 올립니다. 끝까지 읽어 주시면 고맙겠습니다.

저는 티로 시돈 지방에서 태어나서 오늘까지 여기서 살고 있습니다. 아주 먼 옛날 예언자 엘리야가 시돈의 사렙타 마을에서 가난한 과부를 만난 적이 있었습니다.(1열왕 17,8-24) 그 사렙타가 제가 살고 있는 마을입니다. 예언자 엘리야는 폭군 아합 왕에게 쫓겨 사렙타까지 오게 되었습니다. 그때는 극심한 가뭄과 기근이 온 이스라엘을 뒤덮고 있던 때였습니다. 기근과 가뭄 중에 많은 사람들이 굶어 죽었습니다.

엘리야는 사렙타에서 땔감을 줍고 있던 과부에게 물 한 그릇과 빵 한 조각을 부탁했습니다. 과부는 자기와 외아들이 마지막 남은 밀가루로 빵을 구워 먹고 죽을 작정이었습니다. 그렇지만 과부는 빵을 구워 먼저 예언자 엘리야에게 가져다주었습니다. 그 후로 과부의 밀가루 단지와 기름병에서는 밀가루와 기름이 떨어지지 않았습니다. 얼마 후 과부의 아들이 죽었지만 엘리야는 죽은 아들도 살려주었습니다.

예수님, 당신이 무슨 사연으로 이 먼 시돈 지방까지 오셨는지 모르겠습니다. 하느님의 대자대비하신 손길이 저를 당신 앞으로 이끌어 주셨고, 저는 당신을 만나게 되었습니다. 제 눈에 당신은 그 옛날 사렙타의 과부와 그 외아들을 살려주신 엘리야로 보였습니다. 저는 다짜고짜 당신이 지나가는 길목에 엎드려 "다윗의 자손이신 주님, 저에게 자비를 베풀어주십시오. 마귀 들린 제 딸을 살려주십시오!"하고 소리 쳤습니다.

저는 가나안 혈통의 이방 여인이기 때문에 그렇게 행동하기에는 큰 용기가 필요했습니다. 유다인들은 사마리아인들도 경멸하지만 가나안 사람들은 더 싫어합니다. 저는 어떤 봉변을 당할지 몹시 두려웠습니다. 그렇지만 저의 유일한 행복이자 희망인 외동딸을 정말 사랑합니다. 그리고 어떤 위험이 닥치더라도 제 딸을 살려내고 싶었습니다.

솔직히 제가 딸을 꼭 살려야겠다는 의지가 없었더라면 저는 당신에게 침을 뱉고 돌아섰을 것입니다. 당신은 저를 개 취급하듯 거들떠보지도 않았습니다. 본래 유다인들이 가나안 사람들을 싫어하는 줄은 알고 있었지만, 개 취급하듯 한 것은 지나친 것 아닙니까? 당신은 저의 아픈 상처를 건드렸습니다.

저는 지금까지 개 같은 인생을 살아왔습니다. 이곳 시돈 지방에서 태어나서 제대로 배운 것도 없이 지독한 가난 가운데서 성장했습니다. 열다섯 되던 해에 시집을 갔지만, 결혼 생활은 행복하지 못했습니다. 남편이라는 인간은 형편없는 쓰레기였습니다. 저를 아내로 대접하기는커녕 물건 취급하듯 했습니다. 뼈 빠지게 일을 해도 먹고 살기가 빠듯한데, 이 인간은 건달들과 어울려 매일 술이나 마시고 창녀 집을 드나들었습니다. 더구나 남편은 자주 저를 개 패듯이 때리며 폭력을 휘둘렀습니다. 힘들고 어려운 일은 언제나 여자인 제 몫이었습니다. 찢어지게 가난한 가운데 살기 위해서 안 해본 일이 없을 정도입니다. 그러다가 제가 임신하게 되자 그 인간은 저를 버리고 집을 나가버렸습니다. 지금 그 인간이 어디서 무엇을 하는지 모릅니다. 솔직히 남편이 사라지자 저는 너무 기뻤습니다. 행여 그 쓰레기 같은 인간이 다시 나타나면 어쩌나 두렵기까지 합니다.

그렇지만 그 기쁨도 잠시뿐, 정말 힘들고 고통스러운 시간이 저를 기다리고 있었습니다. 젊은 여자가 혼자서 딸을 키우면서 산다는 것이 얼마나 힘든지 겪어보지 않은 사람은 모릅니다. 이웃 사람들은 남편 없이 홀로 사는 저를 경멸했습니다. 오죽했으면 남편이 도망갔겠느냐는 둥 별별 소리를 다했습니다. 유다인들은 아예 저에게 침을 뱉고 지나갔습니다.

그렇지만 저에게는 사랑스럽고 예쁜 딸이 있습니다. 힘들고 고통스러운 나날의 연속이지만 딸만 보면 그 모든 고통들이 사라집니다. 저는 개같이 살고 있지만 제 딸은 공주같이 키우고 싶었습니다. 그런데 어찌된 일인지 딸이 사춘기에 접어들면서 이상하게 행동하기 시작했습니다. 밤에 잠을 자다가 옆자리의 딸이 사라지기 일쑤였습니다. 깜깜한 한밤중인데도 딸아이는 마치 대낮처럼 온 마을을 싸돌아다녔습니다. 어떤 때는 입에 거품을 물고 길바닥에 쓰러져서 물 밖으로 뛰쳐나온 물고기처럼 파닥거리다가 제풀에 지쳐 잠잠해지곤 했습니다. 얼마 전에는 제 몸을 제 손으로 할퀴고 쥐어뜯어서 온몸이 피투성이가 되기도 했습니다. 동네 사람들은 제 딸이 마귀 들렸다고 말했습니다. 그리고 아무도 저나 제 딸 곁으로 다가오지 않았습니다. 저는 딸아이를 고쳐 보려고 온갖 짓을 다했습니다. 딸아이가 정상으로 되돌아올 수만 있다면 제 팔다리라도 잘라줄 수 있습니다. 그렇지만 아무도 제 딸을 고쳐주지 못했을 뿐 아니라, 아예 짐승처럼 취급하며 다가오지조차 않았습니다.

그런데, 언제부터인가 나자렛 사람 목수 예수님에 대한 소문이 바람결에 실려 왔습니다. 그분은 빵 다섯 개와 물고기 두 마리로 오천 명이나 되는 군중을 먹이신 일도 있고, 회당장 야이로의 딸을 살려내기도 하고, 열두 해 동안 하혈하던 여인을 고쳐주시기도 했다는 것입니다. 무엇보다도 무덤가에 살던 군대 마귀 들린 사람을 고쳐주었다는 소문을 들었을 때, 저는 간절히 기도하기 시작했습니다.

저는 하느님이 누구인지 모릅니다. 저는 하느님을 믿지 않는 가나안 여인입니다. 그렇지만 저는 정말 간절한 심정으로 예수님을 만날 수 있게 해달라고 기도했습니다. 지성(至誠)이면 감천(感天)이라 했습니다. 저는 비록 개같이 살지만 저의 기도가 하늘에 닿았던 것이 분명합니다.

갈릴레아 지방에서 시돈의 사렙타까지는 멀고 먼 거리입니다. 더구나 특별한 일이 없이는 예수님 당신이 이곳까지 오실 까닭도 없습니다. 그런데 정말 거짓말 같은 일이 일어났습니다. 제가 꿈속에서 그리던 예수님이 마치 예언자 엘리야가 사렙타 마을의 과부를 찾아오시듯이 이곳 시돈 지방에 오신 것입니다.

제가 어찌 천우신조(天佑神助)의 이 기회를 놓칠 수 있겠습니까? 저는 죽기를 각오하고 이렇게 소리쳤습니다. "다윗의 자손이신 주님, 저에게 자비를 베풀어 주십시오. 제 딸이 호되게 마귀가 들렸습니다." 그러나 당신은 저의 소리를 들은 척도 하지 않았습니다. 저는 마치 개가 짖듯이 울부짖으면서 다시 소리쳤습니다. "다윗의 자손이신 주님, 저에게 자비를 베풀어 주십시오." 그때서야 당신은 이렇게 말씀하셨습니다. "자녀들의 빵을 집어 강아지에게 던져주는 것은 좋지 않다."

당신 귀에 제 울부짖음이 개소리 정도로 들렸던 것이 틀림없습니다. 그렇지만 저는 본래 개 같은 인생을 살아왔기 때문에 예수님의 그 매정한 말씀도 개의치 않았습니다. 그리고 저는 이렇게 다시 울부짖었습니다. "주님, 그렇습니다. 그러나 강아지들도 주인의 상에서 떨어지는 부스러기는 먹습니다." 그때 당신의 입에서 이런 말씀이 떨어졌습니다. "아, 여인아. 네 믿음이 참으로 크구나. 네가 바라는 대로 될 것이다."

저는 제 귀를 의심했습니다. 저는 심장이 멎는 줄 알았습니다. 제가 비록 개 같은 인생을 살아왔지만, 예수님이 저의 소원을 이루어 주셨기에 이제 죽어도 한이 없다는 생각을 하면서 미친 듯이 집으로 달려갔습니다.

제 딸아이는 거짓말처럼 말짱하게 치유되었고, 마귀는 떠나갔습니다. 저는 딸아이를 껴안고 한없이 울었습니다. 감사해서 울었고, 감격해서 울었고, 딸아이가 너무나 예쁘고 사랑스러워서 울었습니다.

개 같은 인생을 살아온 가나안 여자도 예수님으로부터 사랑받을 수 있다는 사실에 가슴이 터질 것 같았습니다. 당신께 감사의 인사를 드리려고 제가 울부짖던 길목으로 다시 갔었지만, 당신은 온데간데 없었습니다.

예수님 정말 고맙습니다. 지금 당신의 흔적을 찾을 수 없지만 당신은 제 가슴 한가운데를 차지하고 계십니다. 지금 저는 정말 행복합니다. 지금 저는 하늘나라를 살고 있습니다. 안녕히 계십시오. 가나안의 이름 없는 여인 올립니다.

연중 제 21주일

- 이사야 22,19-23
- 로마 11,33-36
- 마태오 16,13-20

너희는 나를 누구라고 생각하느냐?

사람들은 나를 누구라고 생각하는지, 나를 어떻게 보아주는지, 그리고 나의 평판이 어떤지에 대해서 대단히 민감하게 생각합니다. 특히 많은 사람들 앞에 나서야 하는 연예인들의 경우, 불특정 다수인 군중들이 자신을 어떻게 생각하고 받아들이는지 거의 신경질적으로 민감하게 반응합니다. 인기 연예인들이 가끔 자살해서 사회에 충격을 던지는 까닭도 여기에 있습니다. 세상 사람들로부터 외면을 당한다거나 인기가 떨어졌다거나 하는 이유 때문에 자살합니다.

요즘 젊은이들은 외모(外貌)에 대단히 많은 신경을 씁니다. 성형수술로 자신의 몸을 뜯어고치는 일을 예사로 합니다. 다른 사람들에게 잘 보이기 위해서 소위 말하는 명품이라는 옷, 장신구, 신발, 가방 따위로 겉꾸미는 일에 목숨을 걸기도 합니다.

겉으로 드러나는 우리 사회는 그야말로 몸짱, 얼짱, 명품 인간들로 화사하고 사치스럽습니다. 그렇지만 속을 들여다보면, 천박하기 짝이 없습니다. 겉으로 그럴듯한 인기인, 겉으로 그럴듯한 정치인, 겉으로 그럴듯한 재력가, 겉으로 그럴듯한 선생과 교사, 껍데기만 그럴듯한 사제와 수도자, 겉으로 그럴듯한 신앙인들로 가득 찬 교회, 우리가 발 딛고 있는 현실은 가식과 허위 그리고 위선으로 가득한 세상이라 해도 좋습니다.

자신의 내면이 아니라 겉꾸미기에 신경을 쓰고, 내가 나를 정직한 눈으로 바라보지 않고 남이 나를 어떻게 보아 주느냐에 신경을 쓰다 보니 이런 사회가 만들어지고 만 것입니다. 허구와 위선으로 가득한 사회, 위선으로 가득한 교회는 위태롭습니다. 언제 무너질지 모릅니다.

쓰레기를 금으로 포장한다고 해서 그 쓰레기가 금덩이로 변하기라도 합니까? 비록 금으로 포장한다 해도 쓰레기는 쓰레기일 뿐입니다. 금으로 감싼 쓰레기에서 썩은 냄새와 침출수가 흘러나와 주변을 어지럽고 더럽게 만듭니다.

이제 우리는 자신과 내면으로 눈을 돌려야 할 때입니다. 우선은 '나'라는 존재가 얼마나 소중한 존재인지를 깨달아야 합니다.

예수님은 이렇게 말씀하십니다. "사람이 온 세상을 다 얻고도 제 목숨을 잃으면 무슨 소용이 있겠느냐? 사람이 제 목숨을 무엇과 바꾸겠느냐?"(마태 16, 26) 예수님의 가르침대로 사람 하나의 가치는 온 세상을 주고도 바꿀 수 없습니다. '나'라는 존재가 이토록 귀중하다는 사실을 깨닫는다면 망아(妄我)에 매달려서 나를 겉꾸미는 일을 그만하고, 나의 내면에 충실해서 진정한 '나' 진아(眞我)를 닦고 가꾸는 일을 게을리하지 않아야 합니다.

비록 황금으로 단장하고 온갖 보석으로 치장한 등잔이라 해도 그 속에 기름이 없다면 그 등잔으로 어둠을 밝힐 수 있습니까? 한편, 심지밖에 없는 깡통으로 만든 등잔이지만 그 속에 기름이 있다면 불을 밝혀 어둠을 비출 수 있습니다. 기름 떨어지면 내버려야 할 깡통 같은 등잔일지라도 어둠을 밝혀 사람들의 앞길을 비출 수 있다면, 그것이 정말 가치 있는 등잔입니다.

예수님은 제자들에게 묻습니다. "사람들이 나를 누구라고들 하느냐?" 예수님은 세상 사람들이 당신을 어떻게 생각하는지, 당신이 인기 있는 사람인지, 인기 없는 사람인지 궁금해서 이렇게 물어본 것이 아닙니다.

예수님은 사람들로부터 인기를 끌거나 관심을 받을 만한 그런 자리에 있는 인물이 아닙니다. 집도 절도 없는 빈털터리 가난한 떠돌이 수행자(修行者)이자 랍비입니다. 학교는 문턱에도 가 보지 못한 무식한 목수 출신입니다. 그리고 예수님 주변에 모여든 인물들이 모두 별볼일없는 가난뱅이, 세리, 창녀, 나병환자, 어린이, 과부, 내쫓긴 자들입니다.

가난하고 힘없는 사람들, 온갖 더러움과 죄의 무게 때문에 자신의 두 발로 서 있기가 버거운 인생들, 아무도 거들떠보지 않는 나병환자와 불치병자들이 나자렛의 목수 출신 예수 주위로 몰려든 까닭이 무엇입니까?

　그것은 예수라는 등잔에서 나오는 밝고 따뜻한 불빛, 생명의 빛 때문입니다. 예수는 학식이나 지위, 재물이나 돈, 권위나 권력 따위로 자신을 겉꾸미지 않습니다. 그런 것들을 내세워 자신의 권위와 능력을 뽐내는 인물도 아닙니다.

　그럼에도 불구하고 인생살이의 무거운 짐에 허덕이던 사람들이 예수를 만나면 안식을 얻습니다.(마태 11. 28) 마귀의 지배 밑에서 꼭두각시놀음하며 마귀의 노예로 살던 사람들이 예수님을 만나면 마귀에게서 해방되어 새 삶을 삽니다. 온갖 병마에 시달리던 사람들이 치유받고 건강한 삶을 누립니다. 몸과 마음이 다 허물어져서 짐승보다 못한 삶을 살던 나병환자들이 그분을 만나면 깨끗한 새 생명으로 거듭 태어납니다. 아무도 인간 취급해 주지 않는 세리와 창녀들이 그분을 만나면 나도 하느님으로부터 사랑받는 귀한 존재로구나 하고 깨닫습니다. 간음하다가 현장에서 잡혀온 여인에게 예수님은 이렇게 말씀하십니다. "나도 너를 단죄하지 않겠다. 가거라. 그리고 이제부터 다시는 죄짓지 마라." 당연히 그 여인은 새 삶을 시작합니다.

　어떻게 이런 일들이 가능해집니까? 예수님이 학식이나 지식으로 무장했거나, 돈이나 재물이 많은 재산가이거나, 지위와 권력을 가진 정치가나 권력자이기 때문입니까?

　예수님은 가난한 떠돌이 랍비이지만, 철저하게 하느님 아버지께 귀의하고 하느님과 하나가 된 사람입니다. 예수에게서 나오는 생명의 빛, 어둠을 밝히는 밝은 빛은 하느님의 능력이자 힘입니다. 그것은 철저히 하느님께 귀의하고 하느님과 하나가 된 예수님을 통해서 나오는 하느님의 힘이자 능력입니다.

예수님을 만나는 사람들이, 예수를 통해서 아버지 하느님의 대자대비하신 큰 사랑과 빛, 생명을 받아 모두 새 삶을 얻고 구원을 받게 되는 까닭이 여기에 있습니다.

늘 예수님과 함께 다니면서 그분의 삶을 가까이에서 지켜 보던 제자들은 정확하게 예수님의 진면목(眞面目), 본래 모습을 봅니다. 그래서 베드로는 "너희는 나를 누구라고 생각하느냐?"라고 묻는 예수님께 주저 없이 이렇게 대답합니다. "스승님은 살아계신 하느님의 아드님 그리스도이십니다."

베드로는 철저하게 하느님께 귀의하고 기도하는 예수님을 봅니다. 너를 너라 하지 않고, 너를 나라고 생각하면서 동체자비행(同體慈悲行)을 실천하는 예수님을 봅니다. 예수님에게서 비쳐 나오는 하느님의 빛, 생명의 기운을 보고 느낍니다. 그리고 베드로는 예수님은 정말 하느님의 아드님이라는 사실을 확신합니다.

예수님은 당신의 진면목을 보는 베드로 위에 교회를 세우시고 하늘나라의 열쇠를 맡깁니다.

예수님은 오늘도 우리에게 묻습니다. "너희는 나를 누구라고 생각하느냐?" 우리는 이 물음에 베드로처럼 "당신은 살아계신 하느님의 아드님 그리스도입니다."라고 대답했습니다. 그래서 우리는 오늘 이렇게 주님의 제단 앞에 모이게 된 것입니다. 우리는 하느님의 아드님 예수님을 통해서 하느님의 자녀들이 되었습니다. 이 성찬의 식탁에서 하느님의 아드님 예수님을 먹을 수 있는 자격을 얻게 된 까닭도 여기에 있습니다.

예수님을 통해서 하느님의 권능과 힘, 하느님의 생명과 빛이 밖으로 흘러나와 가난하고 병든 사람들, 죄인들이 새 삶을 얻었듯이, 하느님의 자녀인 우리를 통해서도 하느님의 빛과 생명이 흘러나와야 합니다. 우리를 만나는 사람들이 우리의 겉모습 때문이 아니라 사는 모습을 보고, 우리의 진면목이 하느님의 자녀라는 사실을 보고 이렇게 말할 것입니다. '당신들은 참으로 하느님의 자녀들입니다.'

여러분들을 만나는 사람들이 여러분들을 통해서 하느님을 만날 수 있기를, 여러분들을 통해서 예수님을 만날 수 있기를, 그리고 그들이 여러분 때문에 행복하고 평화롭게 되기를 기도합니다.

연중 제 22주일
- 예레미야 20,7-9
- 로마 12,1-2
- 마태오 16,21-27

예수를 따르는 길

오늘 우리는 하느님의 도성 예루살렘으로 향하는 예수님을 만납니다. 예루살렘은 평화의 도시라는 뜻을 지니고 있지만, 이름과는 달리 평화가 아니라 분쟁과 분열, 투쟁과 죽음으로 가득한 위험한 도시입니다. 많은 예언자들과 의인들이 예루살렘에서 죽임을 당했었습니다. 모두 하느님의 이름으로 저질렀던 범죄들입니다. 십자군 전쟁 때는 예루살렘 주민 대다수가 학살되기도 했습니다.

예수님은 위험이 가득한 도시, 하느님의 이름으로 전쟁과 폭력과 학살이 자행되는 도시 예루살렘으로 향합니다. 그곳이 당신 인생의 목적지이기 때문입니다. 예루살렘으로 상경하겠노라는 예수님의 선언은 자못 비장합니다.

베드로는 하느님의 도성 예루살렘에서 어떤 일들이 벌어졌던지 알고 있었기 때문에 스승 예수님의 상경을 필사적으로 막으려고 합니다. 예수님은 당신의 발걸음을 가로막는 베드로를 사탄이라고 부르면서 불호령을 내립니다.

예수님이 애제자 베드로를 사탄이라고 칭할 만큼 화를 내신 이유는 분명합니다. 비록 죽음이 기다리고 있다 하더라도 하느님의 도성 예루살렘이야말로 당신 생애의 최후 목적지이고, 그곳에서 하느님의 뜻을 펼쳐야 한다는 것을 분명히 하기 위함입니다. 누구도 예수님의 발걸음을 멈출 수 없습니다.

복음서를 꼼꼼히 읽으면 예수님의 생애가 예루살렘을 향한 여정처럼 그려지고 있다는 사실을 알 수 있습니다. 예수님은 적진을 향해 한 발짝씩 앞으로 나아가는 병사처럼 그려집니다.

그렇다고 해서 예수님의 모습이 용감무쌍한 전사나 영웅의 모습인가 하면 그렇지 않습니다. 가난하고 초라한 떠돌이 수행자의 모습, 무식하지만 하느님의 뜻을 깨닫고 실천에 옮기는 랍비의 모습입니다. 예루살렘을 향한 예수님의 여정은 패전을 거듭하면서도 물러서지 않고 앞으로 나아가는 병사의 모습입니다.

예수님이 하느님의 도성 예루살렘으로 발걸음을 옮기는 것은 싸워 이기기 위한 것이 아닙니다. 처절하게 패배하기 위한 여정입니다.

교회는 주님 수난 성지주일에 예수님의 예루살렘 입성을 성대하게 기념합니다. 그러나 나귀를 타고 예루살렘에 입성하는 예수의 모습은 승리자의 모습이 아닙니다. 어찌 생각하면 한 편의 코미디 같은 예루살렘 입성 퍼포먼스라고 할 수 있습니다.

갈릴래아 지방의 겐네사렛 호수를 중심으로 펼쳐진 초기 예수님의 복음 선포 활동은 대단히 성공적입니다. 비록 가난하고 버림받은 사람들, 병자들과 죄인들, 사회적 약자들이긴 하지만 많은 사람들이 예수님 주변에 모여듭니다. 열두 제자들도 뽑았고, 많은 여인들의 도움을 받기도 합니다. 힘없고 가난한 사람들, 병들고 내쫓긴 무리들이 예수님이야말로 자신들에게 새 시대와 새 삶을 주실 수 있는 예언자라고 열광하며 그분을 뒤쫓습니다. 다섯 개의 빵과 물고기 두 마리로 오천 명을 먹이던 사건이 있었던 날, 사람들은 예수님을 억지로라도 임금으로 삼으려 할 만큼(요한 6, 15) 그분은 대단한 인기를 누렸습니다.

그렇지만 하느님의 도성 예루살렘에 가까이 다가갈수록 예수님의 복음 선포 활동은 실패를 거듭합니다. 특별히 당시 사회의 지배계층이며 기득권자들인 종교지도자들과 율법학자들, 바리사이들과의 충돌은 심각한 것이었습니다.

그들은 예수님의 활동에 일일이 시비를 겁니다. 예수님이 안식일에 병자들을 고쳐주는 일이나, 정결례 규정을 어기면서 손을 씻지 않고 밥을 먹는 일, 성전세를 바치는 일, 안식일에 제자들이 밀 이삭을 잘라서 비벼 먹는 일까지 일일이 시비를 걸면서 예수님을 옭아매려고 애를 씁니다. 예수님은 세리와 죄인들과 어울려서 먹고 마시기를 즐기는 먹보요 술꾼이라는 비난도 받습니다(마태 11, 19). 그들은 조직적이고 폭력적인 방법으로 예수님의 예루살렘 입성을 저지하려고 합니다.

사제들과 율법학자들과 바리사이파 사람들이 예수의 예루살렘 입성을 저지하려 했던 이유는 분명합니다. 초라하고 가난한 떠돌이 랍비 예수를 통해서 대자대비하신 하느님의 큰 뜻, 천명(天命)이 펼쳐지는 것이 두려웠던 것입니다. 그들은 끝내 예수님의 제자 중 한 사람인 이스카리옷 사람 유다를 돈으로 매수하는 데 성공합니다. 그리고 예수님을 체제를 뒤흔들고 반란을 도모하는 혁명가나 정치꾼으로 고발합니다. 제자들은 뿔뿔이 흩어져 도망치고 예수님은 '유다인의 왕'이라는 정치범의 죄목으로 홀로 십자가에 매달려서 최후를 맞이하게 됩니다.

예수님의 십자가 죽음은 인간들의 눈에는 처절한 실패로 보입니다. 그러나 역설적으로 하느님께서는 예수님의 십자가의 실패를 통해서 당신의 큰 뜻을 펼칩니다.

십자가는 위에서 아래로 내리뻗는 종선(縱線)이 있습니다. 이 종선은 하늘과 땅이 만나고 소통하는 자리입니다. 그리고 좌(左)에서 우(右)로 가로지르는 횡선(橫線)이 있습니다. 이 횡선은 너와 내가 만나고 소통하는 자리입니다. 그러니까 예수님의 십자가는 죄수를 처형하는 형틀에서 하늘과 땅이 만나고 너와 내가 만나는 자리, 즉 구원의 도구가 됩니다. 이렇게 십자가를 통해서 대자대비하신 하느님의 큰 뜻, 즉 구원 의지가 펼쳐집니다.

십자가는 예수님에게는 처절한 죽음과 실패입니다. 그러나 그 십자가는 인류에게는 구원의 새로운 시대를 여는 열쇠이자, 하늘과 땅이 만나는 자리, 온 인류가 형제자매로 만나는 자리가 됩니다.

　우리는 예수님의 십자가 죽음을 통해서 하느님을 아버지로 섬기는 그분의 자녀가 됩니다. 하느님의 자녀가 된 우리는 너와 나의 벽을 허물고 서로 사랑하는 형제자매가 됩니다.

　우리는 예수님이 왜 십자가의 죽음이 뻔히 보임에도 불구하고 고집스럽게 하느님의 도성 예루살렘으로 발걸음을 옮기게 되었는지 깨닫게 되었습니다.

　예수님은 이제 우리에게 이렇게 요구하십니다. "누구든지 내 뒤를 따라오려면, 자신을 버리고 제 십자가를 지고 나를 따라야 한다." 만일 예수님이 자신의 이기적인 욕망과 안일을 추구하던 분이었더라면, 십자가의 죽음이 기다리고 있는 예루살렘으로 발걸음을 옮겼을 리 만무합니다. 그러나 예수님은 언제나 하느님의 큰 뜻을 먼저 생각하고 철저하게 자신을 죽이고 버립니다.

　예루살렘으로 향하는 예수님의 발걸음을 가로막는 장애물들이 많습니다. 사탄이라고 호통을 들었던 베드로와 제자들의 무리, 대사제와 율법학자들, 바리사이파 사람들이 모두 예수님의 발걸음을 가로막는 장애물들입니다.

　그렇지만 무엇보다도 가장 큰 장애물은 예수님 자신입니다. 예수님은 그 무엇보다도 당신 자신을 넘어서기 위해서 기도합니다. 십자가의 죽음을 앞두고 겟세마니 동산에서 예수님은 이렇게 기도합니다. "아버지! 아버지께서는 무엇이든 하실 수 있으시니, 이 잔을 저에게서 거두어 주십시오. 그러나 제가 원하는 것을 하지 마시고 아버지께서 원하시는 것을 하십시오."(마르 14, 36) 예수님은 끝내 가장 큰 장애물인 당신 자신을 극복하고 십자가의 길로 나아갑니다.

우리도 인생길에서 수많은 십자가를 만납니다. 그 십자가들은 큰 고통으로 우리에게 다가옵니다. 그러나 그 십자가를 통해서 하늘의 뜻이 펼쳐진다는 사실을 잊지 말아야 합니다. 죽기를 각오하고 십자가를 지면 부활과 승리를 얻을 수 있습니다. 그러나 이기적인 욕망과 안일을 추구하는 자기 자신을 넘어서지 못하고 십자가를 회피하면 실패와 죽음이 기다립니다.

우리 인생길에서 마주치는 십자가는 하느님의 뜻이 펼쳐지는 자리입니다. 겉으로 드러나는 고통만 보고 겁에 질려 십자가를 회피하면 우리 인생은 실패하고 맙니다. 그러나 죽기를 각오하고 자신을 비워 십자가를 지면 하늘의 큰 뜻이 펼쳐집니다. 여러분의 인생길에서 십자가 없기를 바라지 마십시오. 오히려 그 십자가를 기쁘게 짐으로서 하늘의 큰 뜻을 펼치는 인생을 사시기 바랍니다.

연중 제 23주일
- 에제키엘 33,7-9
- 로마 13,8-10
- 마태오 18,15-20

교회 안에서 이루어지는 일들

우리는 주일과 대축일마다 사도신경을 외우면서 신앙을 고백합니다. 사도신경의 마지막에 이렇게 고백합니다. '거룩하고 보편된 교회와 모든 성인의 통공을 믿으며…'

이 대목은 교회가 어떤 공동체인지를 말해줍니다. 교회는 거룩한 교회입니다. 교회는 보편된 교회 즉 가톨릭교회입니다.

교회가 거룩하다는 것은 무엇을 의미합니까? 교회(敎會)는 이 세상 안에 있지만 세상에 속한 공동체가 아니라 하느님께 속한 공동체이며 하느님 나라를 향한 공동체라는 뜻입니다. 보편된 교회 즉 가톨릭교회란 모든 사람들에게 열려 있는 공동체일 뿐 아니라 모든 사람을 포용하고 있는 교회라는 의미입니다. 하느님께 속한 거룩한 교회는 남녀노소, 빈부귀천, 인종과 민족, 선인과 악인, 성인과 죄인의 차별이 없이 모든 사람들을 다 품고 있는 공동체입니다.

세상에는 갖가지 형태의 공동체가 있습니다. 크게는 국가로부터 작게는 가정에 이르기까지, 대기업부터 계모임까지. 모든 공동체는 각기 자신들이 추구하는 목표가 있습니다. 교회가 추구하는 목표는 세상에 속한 공동체가 추구하는 목표와는 다릅니다. 대부분의 세상 공동체는 이익을 추구합니다. 그러나 교회는 하느님 나라을 추구합니다.

교회가 하느님께 속한 거룩한 공동체이기 때문에 성인군자나 천사와 같은 사람들의 공동체라고 생각하기 쉽습니다. 교회는 거룩하지만 죄인들의 집단입니다. 그리고 교회는 보편된 공동체이기 때문에 별별 사람들을 다 품고 있습니다.

교회는 하느님 나라를 향한 여정(旅程) 중에 있고, 그 여정은 혼자가 아니라 여러 형제자매들을 도반(道伴)으로 삼고 함께 걸어가는 길입니다. 현실이 이렇기 때문에 교회 안에는 별별 사람들이 다 있고, 별별 사건들과 사고들이 일어나기 마련입니다. 그러나 하느님 나라를 추구하는 교회는 사랑의 공동체, 기도의 공동체입니다. 이것이 예수님의 가르침입니다.

예수님의 말씀입니다. "네 형제가 너에게 죄를 짓거든, 가서 단둘이 만나 그를 타일러라. 그가 네 말을 들으면 네가 그 형제를 얻은 것이다."(마태 18, 15) 예수님의 가르침대로라면 교회는 형제를 얻는 곳이어야 하지, 잃는 곳이 되면 안 됩니다. 우리는 모두 불완전한 사람들일 뿐 아니라 죄인들이기 때문입니다. 어떤 형제가 나에게 잘못할 수 있는 것처럼 나도 잘못할 수 있습니다.

단둘이 만나 타이른다는 것은 형제의 잘못을 들추어내고 지적하고 따져서 그가 잘못한 것을 인정하도록 하라는 말이 아닙니다. 그리해서 잘못한 형제로부터 사과를 받아내라는 말이 아닙니다. 형제의 잘못을 들추어내고 지적하고 따지면서 사과를 받아내려 하면 틀림없이 형제를 잃게 됩니다.

　단둘이 만나서 타이른다는 것은 형제의 잘못을 덮어주고 감싸주고 변명해 주고, 그리고 용서하라는 말입니다.

　'역지사지(易地思之)'라는 말이 있습니다. 입장을 바꾸어서 생각하라는 말입니다. 형제의 입장에서 생각하면 그의 잘못을 용서할 수 있습니다. 용서하면 형제를 얻게 됩니다. 형제를 얻게 되면 하느님 나라를 향한 여정에서 든든한 동반자를 얻게 됩니다. 교회가 추구하는 하느님 나라는 이렇게 서로의 잘못을 용서하고 덮어주고 사랑하는 곳에서 누리게 됩니다.

　그 반대를 생각해보면 예수님께서 왜 단둘이 만나서 타일러 형제를 얻으라고 하셨는지 쉽게 알아들을 수 있습니다. '재 묻은 개가 똥 묻은 개 나무란다'는 속담이 있습니다. 교회 공동체는 죄인들의 모임이라는 사실을 망각하고 서로 흠집과 부족함을 들추어내고 지적하고 따지게 되면, 교회의 모습이 어떻게 되겠습니까? 틀림없이 난장판 싸움판이 되고 맙니다.

　지옥이 멀리 있지 않습니다. '내 탓이오.'가 아니라 '네 탓이오.'라고 말하면서 서로 싸우고 다투는 곳이 바로 지옥입니다. 서로를 탓

하면서 물어뜯고 싸우는 곳에 하느님이 함께 계시지 않습니다. 하느님이 아니라 악마가 함께 머무는 곳이 지옥입니다.

우리 중의 그 누구도 형제들을 향해서 손가락질하거나 형제를 비난할 자격이 없습니다. 모두가 하느님의 자비와 용서가 필요한 죄인들이기 때문입니다. 우리는 서로 사랑하고 용서해야 할 의무는 있어도 비난하고 욕하고 손가락질할 자격은 없습니다. 사랑하고 용서하면 형제를 얻어서 하느님 나라를 누리게 되고, 미워하고 증오하면서 싸우고 다투면 형제를 잃게 되고 지옥을 살게 됩니다.

사도 바오로는 로마인들에게 보낸 편지에서 이렇게 말합니다. "아무에게도 빚을 지지 마십시오. 그러나 서로 사랑하는 것은 예외입니다. 남을 사랑하는 사람은 율법을 완성한 것입니다. 사랑은 이웃에게 악을 저지르지 않습니다. 그러므로 사랑은 율법의 완성입니다."(로마 13, 8. 10)

교회는 사랑의 빚을 지는 공동체입니다. 사랑하는 사람들이 모인 공동체는 기도하는 공동체가 될 수밖에 없습니다. 우리는 반세기 전 사람들에 비하면 너무나 풍족하고 편리하고 안락한 생활을 누리고 있습니다. 그럼에도 불구하고 가슴이 공허하고 허전한 이유가 무엇입니까? 옛날에는 궁핍한 가운데서도 악착같이 살려고 노력했는데, 요즘 사람들은 풍족한 가운데서도 툭하면 스스로 목숨을 끊습니다.

까닭이 무엇입니까? 사랑하지 않기 때문이고, 기도를 잃어버렸기 때문입니다. 사랑하지 않는다는 것은 너와 나의 관계가 단절되었다는 것을 말하고, 기도하지 않는다는 것은 하늘과의 관계가 끊겼다는 말입니다. 모든 관계가 단절된 가운데 고독하고 불행하기에 자살이라는 지극히 어리석은 선택을 합니다.

예수님께서 이렇게 말씀하십니다. "내가 또 진실로 너희에게 말한다. 너희 가운데 두 사람이 이 땅에서 마음을 모아 무엇이든 청하면, 하늘에 계신 내 아버지께서 이루어주실 것이다. 두 사람이나 세 사람이라도 내 이름으로 모인 곳에는 나도 함께 있기 때문이다."(마태 18, 19-20)

두세 사람이 함께 모인다는 것은 무슨 의미입니까? 네 탓과 내 탓을 따지면서 시비(是非)하고 싸우려고 모인다면, 지옥을 만들자는 것입니다. 이런 모임은 필요 없습니다. 여기 예수님이 함께 계실 리 만무합니다.

서로 사랑하고 용서하고 나누고 포옹하기 위해서 두세 사람이 함께 모인다면 거기 예수님이 함께 계십니다. 서로 사랑하는 사람들이 예수님과 함께 바치는 기도는 하늘을 감동시킵니다. 그래서 예수님은 "너희 가운데 두 사람이 이 땅에서 마음을 모아 무엇이든 청하면, 하늘에 계신 내 아버지께서 이루어주실 것이다."하고 약속합니다. 하느님 나라는 여기서 이루어집니다.

우리는 허물 많고 부족한 사람들입니다. 하느님의 자비와 용서가 필요한 사람들입니다. 우리가 한자리에 모여서 성찬의 전례를 거행하면서 기도하는 것도 하느님의 자비와 용서를 받기 위해서입니다.

우리는 홀로가 아니라 함께 하느님 나라를 향하고 있습니다. 남편과 아내, 부모와 자식, 이웃과 형제들이 서로의 잘못을 용서하고 모자람을 채워준다면, 하느님 나라를 향한 여정이 행복합니다. 하느님 나라를 향한 여정 자체가 하느님 나라가 되고 맙니다.

우리는 죄인들이기에 이런저런 상처들을 가지고 있습니다. 그 상처들을 들추어내어 덧나게 하는 어리석음을 저지르지 말아야 합니다. 용서하고 덮어주고 감싸주고 포옹하면서 치유해야 합니다.

교회 공동체는 사랑의 공동체이며 기도의 공동체입니다. 여러분들의 신앙생활이 동반자이자 도반인 형제들과 함께 기쁘고 행복한 여정이 되기를 기도합니다.

연중 제 24주일
- 집회서 27,30-28,7
- 로마 14,7-9
- 마태오 18,21-35

아름다운 용서, 행복한 용서

오늘 복음을 통해서 예수님은 용서(容恕)가 무엇인지, 왜 우리가 용서해야 하는지 말씀해 주십니다. 오늘 우리가 들은 예수님의 비유 말씀은 너무나 분명하고 간결합니다. 그럼에도 우리가 용서에 대해 묵상해야 하는 까닭은 용서야말로 말이나 이야기가 아니라 삶이어야 하기 때문입니다.

한자말 '용서(容恕)'를 뜯어보면, 담을 용, 그릇 용(容)과 용서할 서(恕)로 되어 있습니다. 용서할 서(恕)는 같을 여(如)와 마음 심(心)으로 짜여져 있습니다. 그러니까 용서(容恕)는 '나'라는 그릇에 같은 마음을 담는다는 의미를 가지고 있습니다. 한자말 용서는 너의 마음을 나의 마음으로, 즉 너를 나처럼 생각하고 같은 마음을 지니면 비로소 용서할 수 있다는 뜻입니다. 너를 너라 하지 않고, 너를 나라고 생각하면 용서하는 일은 그리 어렵지 않습니다. 용서가 어려운 것은 너와 나를 구별하기 때문입니다.

어떤 율법학자가 예수님께 이렇게 묻습니다. "스승님, 제가 무엇을 해야 영원한 생명을 받을 수 있습니까?" 예수님은 신명기 6, 5의 "너희는 마음을 다하고 목숨을 다하고 힘을 다하여 주 너희 하느님을 사랑해야 한다." 그리고 레위기 19, 18의 가르침인 "네 이웃을 너 자신처럼 사랑해야 한다."하고 응답합니다. 모든 것을 다 바쳐 하느님을 사랑하고, 너를 너라 하지 않고 너를 나처럼 사랑하면 영원한 생명을 받는다는 가르침입니다.

동체자비행(同體慈悲行)을 실천하면 영원한 생명을 얻는다는 말씀입니다. 용서(容恕), 즉 나의 그릇에 너의 마음을 담아서 용서를 실천하는 것이야말로 너와 나를 구별하지 않는 동체자비행의 가장 구체적인 실천이 됩니다.

예수님은 잘못한 형제를 일곱 번이 아니라 일흔일곱 번까지도 용서해야 한다고 말씀합니다. 성경이 말하는 일곱이라는 숫자는 단순히 일곱 번을 말하는 것이 아닙니다. 성경이 말하는 일곱은 완벽한 숫자입니다. 예수님께서 일흔일곱 번이라도 용서하라는 말씀은 끝없이 온전하게 용서하라는 가르침입니다.

예수님은 끝없이 온전히 용서해야 하는 이유를 비유를 통해서 말씀하십니다. 일만 달란트의 빚을 탕감받은 사람이 있습니다. 일만 달란트는 요즘 우리 돈으로 환산하면 수백억 원이나 되는 어마어마한 돈입니다. 임금으로부터 이렇게 엄청난 빚을 탕감받은 사람이 자기에게 백 데나리온 빚을 진 친구를 만납니다. 그는 친구가 그 빚을 갚을 때까지 감옥에 잡아 넣습니다. 백 데나리온은 우리 돈으로 환산하면 2백만 원쯤 됩니다. 자기는 수백억 원의 빚을 탕감받았음에도 불구하고, 겨우 2백만 원 빚을 진 친구의 빚을 탕감해주지 않았던 것입니다.

이 소식을 들은 임금은 화가 나서 그 배은망덕(背恩忘德)한 종을 감옥에 잡아 넣고 집과 마누라와 자식까지 팔아서 빚을 갚으라고 명령합니다. 무자비한 종은 자기가 얼마나 많은 빚을 탕감받았는지는 생각하지 않고, 자기가 받아야 할 빚 2백만 원에만 집착합니다.

진정한 용서가 이루어지려면, 우리 자신을 정직한 눈으로 바라보아야 합니다. 용서는 같은 마음을 담는 것이라고 했습니다만, 자기 자신을 정직한 눈으로 바라보는 사람은 이웃과 같은 마음을 가질 수 있습니다. 자기가 누구인지도 모르는 사람이 어떻게 자기도 아닌 형제의 처지를 자기의 처지처럼 생각할 수 있습니까? 그러니까 자기를 정직한 눈으로 바라보는 사람이 형제를 용서할 수 있습니다.

예수님은 이렇게 말씀하신 적이 있습니다. "네 눈에서 들보를 빼내어라. 그래야 네가 뚜렷이 보고 형제의 눈에서 티를 빼낼 수 있을 것이다."(마태 7, 5)

임금으로부터 탕감받은 수백억 원에 비하면 2백만 원은 아무것도 아닙니다. 그럼에도 불구하고 2백만 원을 갚으라고 형제를 감옥에 처넣는다는 것은 제 눈 속에 든 들보는 보지 못하고 형제의 눈에 있는 티를 빼내겠다는 것과 같은 어리석고 바보 같은 행동입니다. 우리가 하느님으로부터 용서받는 사람이 되려면 자신을 정직하게 바라보고 형제를 용서해야 합니다.

용서의 결과는 무엇입니까? 용서하는 사람도 용서받는 사람도 다 함께 하느님 나라를 누리게 됩니다. 수백억 원의 빚을 지고 있는 사람은 매일 매일 이자를 감당하는 것도 힘든 처지입니다. 여기에다 원금까지 갚아야 한다면 하루하루가 지옥과 같습니다. 그런데 임금은 그 많은 빚을 조건 없이 탕감해줍니다. 빚을 탕감받는 순간, 빚쟁이는 지옥에서 천국으로 건너갑니다.

빚을 탕감받아서 천국을 누리게 된 사람은 당연히 형제의 빚을 탕감해주어, 형제도 천국을 누리게 해야 마땅합니다. 그런데 수백억 원의 빚을 탕감받아서 자신은 천국을 누리면서도 2백만 원의 빚을 진 형제를 감옥에 처넣어 지옥을 살게 한다면 말이 안 됩니다. 형제를 용서하지 않는 사람은 형제를 지옥에 처넣고 자신만 천국을 누리겠다는 나쁜 사람입니다.

용서는 지옥(地獄)을 천국(天國)으로 바꾸는 마법과 같습니다. 용서하는 사람은 용서하는 순간 가슴속의 응어리가 풀리고 자유롭게 됩니다. 발에 무거운 쇠사슬을 매고 있는 새는 하늘 높은 곳으로 날아오를 수 없습니다. 미움과 증오로 앙갚음하려 하는 사람은 자기 두 발에 무겁고 단단한 쇠사슬을 매고 있는 새와 같습니다. 이 사슬을 끊을 수 있는 방법은 용서밖에 없습니다. 용서하면 쇠사슬은 끊어지고 자유롭게 되어서 하늘 높은 곳으로 오를 수 있습니다. 동시에 용서받는 사람도 빚더미에서 해방되어 지옥에서 천국으로 건너가게 됩니다. 용서한다는 것은 형제를 지옥에서 건져내는 일이지만, 동시에 자기 자신도 지옥에서 천국으로 건너가는 일이 됩니다.

복수하고 앙갚음하기 위해서 모질고 차가운 앙심(怏心)을 품고 사는 것은 날카로운 비수를 가슴에 품고 사는 것과 같습니다. 가슴속에 품고 있는 비수가 밖으로 나오면 형제를 해치게 됩니다. 내 가슴속에 있는 비수(匕首)는 밖으로 나와 다른 사람을 해치기 전에 내 가슴을 먼저 찌르고 상처낸다는 사실을 알아야 합니다. 가슴속에 품고 있는 비수를 버리기 전에 나는 결코 편할 수 없습니다.

손끝에 박힌 작은 가시 하나가 얼마나 고통스럽습니까? 가시를 빼내기 전에는 늘 아프고 일상생활이 불편하기 짝이 없습니다. 그런데도 많은 사람들이 가슴속에 날카롭고 시퍼런 비수를 품고 살고 있습니다. 가슴에 비수를 품고 있다는 것은 자신을 해치는 자해행위일 뿐 아니라 언제든지 형제를 해칠 수 있는 미래의 범죄자입니다.

용서한다는 것은 내 가슴에서 날카로운 비수를 뽑아서 내버리는 일입니다. 용서하는 나도 편안해지고 용서받는 사람도 편안해집니다. 하느님 나라 천국은 여기서부터 시작됩니다.

우리가 인생길을 걸으면서 해야 할 일이 참 많습니다. 돈도 벌어야 하고, 공부도 해야 하고, 출세도 해야 하고, 자식을 낳아서 교육도 시켜야 합니다. 그런데 이런 일들은 하루아침에 이루어지는 일이 아니라 오랜 인고(忍苦)의 세월과 함께 이루어지는 일들입니다.

한편, 미루어서는 안 되고 지금 당장 해야 할 일도 있습니다. 용서하는 일이 그것입니다. 지금 용서하면 지금 하느님 나라 천국을 누립니다. 한 시간 후 나의 운명이 어떻게 될 것인지 알지 못하고 사는 것이 인생입니다. 그런데도 형제를 미워하고 원망하고 증오하면서 복수할 생각을 가슴에 품고 산다는 것은 어리석은 일입니다. 그것은 지옥을 가슴에 품고 사는 것과 같습니다. 지옥을 가슴에 품고 죽는 사람은 지옥행입니다. 우리가 당장 가족과 형제와 이웃을 용서해야 하는 이유가 여기에 있습니다. 용서하는 일을 미루지 마시기 바랍니다.

　여러분들의 매일의 삶이 끊임없이 용서하는 삶이기를 바랍니다. 그래서 매일 여러분들이 하느님 나라[天國]을 누리는 복 받는 생활을 하시기를 바랍니다.

연중 제 25주일
- 이사야 55,6-9
- 필립비 1,20-24.27
- 마태오 20,1-16

대자대비(大慈大悲)하신 하느님

한국 사회가 풀어야 할 과제들이 많은데, 그중에서 비정규직 문제가 시급합니다. 기업들의 비정규직 문제는 풀어야 할 중요한 현안입니다.

정규직과 비정규직이 무엇인지 알아 보겠습니다. 정규직 근로자는 기업의 정식 사원으로 채용된 사람들입니다. 비정규직 근로자는 큰 회사의 정식 사원이 아니라 일정 기간 동안 고용 계약을 맺고 채용된 사람들이거나 협력업체 직원들입니다. 정규직 근로자는 정년이 보장되지만, 비정규직 근로자는 정년이 없고 계약 기간이 끝나면 일자리를 떠나야 합니다.

문제는 정년이 보장되느냐 안 되느냐가 아니라, 같은 직장에서 같은 일을 같은 시간 동안 하면서도 대우가 다르다는 것입니다. 예를 들면 정규직이 백만 원을 받는다면 비정규직은 오륙십만 원밖에 못 받습니다. 정확하게는 정규직의 57% 정도 받습니다. 정년이 보장되지도 않고 임금도 정규직에 비하면 반 정도밖에 안 됩니다.

현대자동차의 경우, 같은 공장에서 똑같은 일을 하면서도 정규직은 회사 식당과 휴게시설을 사용할 수 있지만, 비정규직은 회사 식당은 물론 휴게시설도 사용할 수 없습니다. 통근 버스도 다릅니다.

우리나라 전체 근로자 중에서 비정규직은 약 34%인 580만 명쯤 됩니다. 비정규직은 불안한 직장과 차별 대우 때문에 가슴에 불만을 품고 삽니다. 정부는 이 문제를 해결하기 위해서 노력하고 있지만 쉽지 않습니다.

이윤을 추구하는 기업은 근로자를 쉽게 채용하고 쉽게 해고할 수 있는 고용 유연성을 요구합니다. 정규직 근로자들이 비정규직 근로자들과의 차별 철폐를 받아주어야 하는데, 그렇게 하려면 정규직 근로자들이 자신들이 받는 임금이나 근로조건 등을 일정 부분 양보할 수 있어야 합니다. 그러나 정규직 노동조합은 자신들의 권리와 이익을 양보할 생각이 없습니다.

한국 사회의 양극화 문제는 심각합니다. 부자와 가난한 사람, 배운 사람과 못 배운 사람, 권력자와 힘없는 사람. 흔히 말하는 중산층, 즉 중간계층이 얇아지고 극과 극을 이루는 사람들의 차이가 점점 더 벌어지고 심각해지면서 사회갈등이 고조되고 있습니다.

가진 자들에 대한 가난하고 힘없는 사람들의 적개심과 증오와 분노는 엄청난 파괴력을 지니고 있습니다. 계층 간의 갈등이 치유되지 않고 깊어지면 사회 혼란이 오게 됩니다. 가난하고 못 배우고 힘없는 사람들은 약자의 처지에서 벗어날 수 있는 수단을 혁명에서 찾게 됩니다. 양극화가 고착되어서 아무리 노력해도 신분 상승이나 가난에서 탈출할 수 있는 길이 보이지 않으면 혁명이라는 극단적인 방법을 생각하게 됩니다. 판을 근원적으로 뒤엎자는 생각을 하게 됩니다.

혁명이나 사회변혁은 엄청난 혼란과 치유할 수 없는 비극적인 참상을 불러옵니다. 우리나라는 이런 사태를 걱정해야 할 만큼 양극화 문제는 심각합니다.

양극화는 가진 자들과 권력자들 그리고 기득권자들의 양보와 나눔으로 해소될 수 있습니다. 다른 사람이야 어찌되었던 자기 것을 지키겠다는 이기적 탐욕에 사로잡혀 있다가는 혁명적인 철퇴를 맞고 가진 것을 모두 잃게 될지도 모릅니다. 이웃과 형제들을 위해서 자신이 가진 것을 나누어주고 베풀면서 포기할 줄 아는 너그러움이 없고, 악착같이 자기 것은 챙겨야겠다는 힘있는 사람들 때문에 가난하고 힘없는 서민들은 더욱 가난해집니다. 이렇게 되면 서민들은 가난을 대물림하게 되어서 희망을 잃게 됩니다. 양극화가 심화되어 희망을 잃은 가난한 서민들의 가슴에 분노와 증오가 쌓이면 그것이 폭발하게 됩니다. 이렇게 되기 전에 문제 해결의 실마리를 찾아야 합니다.

우리나라 정치권은 보수와 진보로 편을 갈라서 싸우고 있습니다. 보수와 진보는 옳고 그름, 선과 악의 기준이 아닙니다. 이렇게 편을 갈라서 싸우고 있는 동안, 양극화와 사회적 갈등은 깊어지고 있습니다.

우리나라의 보수와 진보는 사랑과 자비가 없습니다. 오로지 자신들의 힘을 키우는 데만 온 신경을 곤두세우고 있습니다. 우리 사회가 사랑과 자비, 타인에 대한 배려인 측은지심이 없는 세상이 되면, 적자생존과 약육강식의 법칙이 지배하는 동물의 세계가 되고 맙니다.

오늘 예수님은 포도원 주인과 일꾼들의 비유를 통해서 양극화를 극복할 수 있는 길을 가르쳐줍니다. 하느님의 대자대비 큰 사랑이 그 해답입니다.

포도원 주인은 모든 일꾼들을 동등하게 대우해줍니다. 새벽부터 와서 해질녘까지 일한 사람이나, 정오에 와서 저녁까지 일한 사람, 오후 늦게 와서 한 시간밖에 일하지 않은 사람 모두에게 한 데나리온씩 줍니다. 한 데나리온은 한 가족의 하루 생활비에 해당합니다. 포도원 주인은 새벽부터 와서 일한 사람도 먹고 살아야 하고, 해거름에 와서 한 시간밖에 일하지 않는 사람도 먹고 살아야 하기 때문에 일을 많이 했거나 적게 한 것을 따지지 않고 똑같이 한 데나리온씩 줍니다.

아침 일찍부터 하루종일 일한 사람은 억울한 생각이 듭니다. 여덟 시간 힘들게 일하고도 한 시간밖에 일하지 않은 사람과 같은 대우를 받는다는 것이 당연히 억울하지요. 자기 이익을 챙기겠다는 생각을 하면서 나를 다른 사람과 비교하기 때문에 그런 생각을 하게 됩니다. 그러나 역지사지하면서 이웃 형제의 처지에서 생각해보면 같은 대우를 받는 것도 감사하게 됩니다.

불러주는 사람도 없고 일감도 없어서 하루종일 길거리에서 서성이다가 빈손으로 집으로 돌아가야 하는 가장의 처지를 생각하면 가슴이 아픕니다. 가족들은 빈손으로 돌아온 가장과 함께 굶어야 할 형편입니다. 포도원 주인은 이런 사정을 헤아려서 하루종일 일한 사람이나 한 시간 일한 사람에게 같은 대우를 합니다.

우리가 행복하지 못한 것은 다른 형제보다 가난하거나 재산을 적게 가졌거나 지위가 낮거나 배운 것이 없기 때문이 아닙니다. 이기적인 탐욕에 사로잡혀서 나만을 바라보고 나에게 집착하기 때문에 불행합니다. 이웃과 형제들을 배려하거나 측은지심으로 바라보는 마음의 여유가 없기 때문에 불행합니다. 이웃과 형제들을 따뜻한 마음으로 감싸주며 사랑할 수 있는 가슴이 없기 때문에 불행합니다.

오늘 피었다가 내일 아궁이에 던져질 들꽃이 아름다운 까닭이 어디 있습니까? 곳간에 쌓아 놓지 않아도 노래하면서 하늘을 나는 저 새들이 자유로운 까닭이 어디에 있습니까? 남과 자신을 비교하지 않고 있는 그대로의 자신을 사랑하면서 하늘에 감사드리는 그들은 아름답고 향기롭고 자유롭습니다.

우리가 두 발 딛고 서 있는 이 대지(大地)가 사람을 차별한다면, 우리가 어떻게 이런 모습으로 살아갈 수 있습니까? 저 태양이 성인과 죄인을 구별하면서 성인에게 햇볕을 비추고 죄인에게는 햇볕을 주지 않는다면 우리가 어떻게 살아갈 수 있겠습니까? 하늘이 선인과 악인을 가려 선인에게는 비를 내려주고 악인에게는 내려주지 않는다면 우리가 어떻게 생명을 이어갈 수 있겠습니까?

감사하게도 하느님께서는 그 누구도 차별하지 않으시고 존재하는 모든 것들을 있는 그대로 사랑합니다. 온 세상과 천지 만물이 조화롭고 아름답게 존재하는 이유가 여기에 있습니다.

우리가 하느님을 닮아서 이웃과 형제들을 있는 그대로 받아들이고 인정하면 행복합니다. 우리가 하느님처럼 측은지심으로 형제들을 바라보고 아픔을 함께 나누고, 기쁨을 나누어 주면 행복합니다. 우리가 역지사지하는 심정으로 동체자비행을 실천하면 하느님 나라를 지금 여기서 누리게 됩니다.

스승 예수님의 제자답게 사랑하는 사람, 그리하여 함께 하느님 나라 누리는 생활을 하시기를 기도합니다.

연중 제 26주일

- 에제키엘 18,25-28
- 필립비 2,1-11
- 마태오 21,28-32

하늘의 소리에 순종하기

오늘 복음 말씀에 두 아들이 등장합니다. 아버지는 맏아들에게 "애야, 너 오늘 포도밭에 가서 일을 해라."라고 말합니다. 맏아들은 "싫습니다."라고 말했지만 나중에 생각을 바꾸어서 일을 하러 갑니다. 한편 둘째 아들은 "예, 가겠습니다. 아버지!" 하고 대답만 하고 실제로 일하러 가지 않습니다.

두 아들이 다 아버지의 마음을 아프게 합니다. 맏아들은 아버지의 말씀에 "싫습니다." 하고 응답함으로써 아버지의 마음을 아프게 합니다. 그는 아버지의 말씀보다 자기 욕망의 소리에 귀를 기울입니다. 아버지의 말씀보다 욕망의 소리가 더 크게 들렸던 것입니다. 그러나 그것이 옳지 않다는 사실을 깨닫고, 아버지의 말씀에 순종하여 포도밭으로 일하러 갑니다.

둘째 아들은 아버지의 말씀에 "예!" 하고 대답만 합니다. 그는 입으로만 아버지의 말씀에 순종하고 실천하지는 않습니다. 둘째 아들은 아버지의 말씀을 건성으로 듣습니다. 그리고 정직하지도 않습니다. 그는 아버지의 말씀보다 자기 욕망의 소리에 귀를 기울이고, 자기 하고 싶은 대로 합니다. 욕망의 노예가 된 둘째 아들은 말만 앞세우고 아버지의 명령을 거역합니다.

두 아들의 이야기는 오늘 우리들의 이야기입니다. 하느님의 자녀요 예수님의 제자인 우리는 하느님 나라를 향한 인생길을 걸어가면서 하느님의 소리와 내 욕망의 소리 사이에서 갈등하게 됩니다.

욕망의 소리가 워낙 커서 하느님의 소리는 잘 들리지 않습니다. 비록 하느님의 소리가 들린다 해도 내 주장과 고집, 욕망에 따라서 살던 버릇 때문에 하느님의 소리에 순명하는 것이 쉽지 않습니다.

하느님의 말씀에 순명하려면 자기 욕망을 포기해야 합니다. 눈앞의 이득과 재미를 포기하고 자신을 희생해야만 하느님의 소리에 순종할 수 있습니다. 하느님 소리에 순종하면 소아(小我) 즉 작은 것에 집착하는 망령된 나는 죽고, 대아(大我) 즉 진리에 두 발을 딛고 서는 '참 나'는 살아납니다.

소아는 순간에 집착하지만, 대아는 시간을 뛰어넘는 영원을 추구합니다. 소아는 찰나적인 쾌락을 추구하지만 대아는 담백하지만 평화와 행복을 추구합니다.

명심보감(明心寶鑑)이라는 책이 있습니다. 명심(明心), 마음을 밝히는 보감(寶鑑), 보배같이 귀중한 거울, 즉 사람의 마음을 밝게 비추어서 사람을 사람답게 만드는 글들을 모은 책입니다. 명심보감 천명편(天命篇) 첫머리에 공자의 다음과 같은 말씀이 실려 있습니다.

"자왈(子曰) 순천자존(順天者存) 역천자망(逆天者亡)이라." 풀어 보면, '공자 이르기를, 하늘에 순종하는 사람은 살고 하늘을 거역하는 자는 망한다.'는 뜻입니다.

하늘은 온 세상을 감싸고 있습니다. 아무도 하늘의 품을 벗어날 수 없고, 하늘의 눈길을 피할 수 없습니다. 하늘이 온 세상을 감싸고 있기 때문인지 사람들은 하늘을 잘 알지도 못하고 쉽게 감지하지도 못합니다. 하늘의 사랑이 너무나 커서 사람들은 그 하늘을 잘 감지하지 못합니다.

하늘의 큰 사랑은 공기와 같습니다. 우리는 공기 속에서 숨을 쉬면서 삽니다. 공기가 없으면 숨을 쉴 수 없고, 생명을 이어갈 수 없습니다. 그럼에도 불구하고 공기의 고마움을 모릅니다. 사람은 5분만 숨을 쉬지 못해도 죽습니다. 공기 속에 살면서도 공기의 고마움을 모르다가 물에 빠진다든지 밀폐된 공간 속에 들어간다든지 하면 그때 비로소 공기가 얼마나 고마운 존재인지 깨닫습니다.

온 세상을 감싸고 있는 하늘도 이와 같습니다. 우주를 운행하고 계절의 변화와 날씨를 주관하면서 모든 생명을 감싸고 있는 하늘은 있는지 없는지 모를 정도입니다.

그래서인지 사람들은 하늘의 소리에 귀를 기울지 않고 제 하고 싶은 대로, 자기 고집과 욕망을 앞세우면서 살려고 합니다. 마치 하늘이 존재하지 않기라도 하는 듯이, 하늘이 내려다보지 않는 것처럼 추한 모습으로 욕심과 욕망을 충족시키려고 악행과 만행을 일삼습니다.

공자는 이렇게 사는 사람을 역천자(逆天者), 즉 하늘을 거역하는 자라고 합니다. 하늘을 거역하는 역천자는 망(亡)한다고 단정합니다. 그 누구도 하늘의 눈길을 피할 수 없고, 하늘의 손길을 벗어날 수 없기 때문에 빚어지는 결과입니다.

시인(詩人) 윤동주는 서시(序詩)에서 '하늘을 우러러 한 점 부끄럼이 없기를' 노래했습니다. 하늘이 온 세상을 감싸고 있고 큰 사랑을 베풀고 있기 때문에 하늘을 향해서 부끄럼이 없어야 합니다. 우리가 하늘 우러러 한 점 부끄럼 없는 삶을 살기 위해서는 하늘이 우리를 내려다보고 있을 뿐 아니라, 하늘의 품 안에 머물고 있다는 사실을 느끼면서 살면 됩니다.

하늘을 느끼면서 살기 위해서는 시인이 되어야 합니다. 시인은 평범한 사람들이 보지 못하는 것도 보고, 느끼지 못하는 것도 느낍니다. 그리고 시인은 그것을 시(詩)로 노래합니다. 그러나 아무나 시인이 될 수 있는 것이 아닙니다. 문학적인 재능이 있어야 합니다.

그렇다면 우리가 하늘 부끄럼 없는 사람이 되기 위해서는 어떻게 하면 좋겠습니까? 신앙인이 되면 됩니다. 그냥 신앙인이 아니라 기도하는 신앙인이 되어야 합니다. 시인은 자신이 느끼는 하늘을 시로 노래하지만, 신앙인은 자신이 만나는 하늘을 향해 기도합니다.

민감하게 하늘을 느끼는 것을 영성(靈性)이라고 합니다. 영성이 깊은 사람은 하늘을 더욱 가깝게 만나고 느낍니다. 그리고 하늘의 소리를 듣습니다. 영성 깊은 신앙인의 기도가 시인의 아름다운 시보다 더 아름답고 간절한 이유가 여기에 있습니다.

영성생활이란 하늘을 만나고 하늘을 느끼고 하늘의 소리를 듣는 생활을 말합니다. 하늘을 만나고 하늘을 느끼고 하늘의 소리를 들으려면 가슴이 고요해야 합니다. 하늘의 소리는 우레처럼 크게 들리는 것이 아니라 침묵 속에서 들려오는 소리이기 때문입니다. 하늘의 손길을 느끼려면 가슴이 따뜻하고 평화로워야 합니다. 하늘의 손길은 바람처럼 가볍고 솜처럼 따뜻하기 때문입니다. 하늘을 만나려면 청명한 가을 하늘처럼 가슴을 비워야 합니다. 하늘은 하늘 같은 가슴을 지닌 사람만 만날 수 있습니다.

세상의 온갖 잡다한 일에 관심을 기울이고 호기심으로 들끓는 시끄러운 가슴을 가지고 있는 사람은 하늘을 만날 수 없습니다. 이기적인 욕망과 탐욕으로 가득한 쓰레기통 같은 가슴을 가진 사람은 하늘의 소리를 들을 수 없습니다. 이웃과 형제들에 대한 미움과 증오, 원한과 원망, 질투와 시기심으로 가득한 잡초밭 같은 가슴을 지닌 사람도 하늘의 손길을 감지할 수 없습니다.

하늘을 만나고 하늘의 소리를 듣기 위해서 끊임없이 자신을 비우고 청소해야 합니다. 침묵과 잠심 중에 고요하고 평화로운 가슴을 지녀야 비로소 하늘의 소리를 듣게 됩니다. 그러면 하늘의 소리에 순명하는 순천자(順天者)가 될 수 있습니다.

하늘은 우리에게 무슨 소리를 들려 줍니까? 하늘은 우리도 하늘 닮은 사람이 되라고, 하늘 닮은 삶을 살라고 말합니다. 하늘은 대자대비 큰 사랑입니다. 하늘은 옳은 사람과 그른 사람, 성인과 죄인, 선인과 악인, 건강한 사람과 병든 사람, 가진 자와 못 가진 자, 배운 사람과 못 배운 사람, 어린이와 노인을 가리지 않고 모든 사람을 품어줍니다. 온 세상을 품고 있는 하늘은 우리에게도 하늘 닮은 대자대비 큰 사랑을 실천하라고 말합니다. 하늘은 예수님이 모든 사람을 사랑하시듯이 우리도 사랑하는 사람이 되라고 말합니다. 하늘은 예수님이 죄인들을 용서하시듯이 용서하는 사람이 되라고 말합니다.

 높고 맑고 푸른 하늘은 우리도 티 없이 맑고 푸른 사람이 되라고 말합니다. 하느님의 아들 예수님을 닮은 사람이 되라고 말합니다. 잡다한 욕망과 쓰레기 같은 분심을 버리고 높고 맑고 푸른 가슴을 지니라고 말합니다. 하늘 향한 예수님의 마음 같은 마음을 가지라고 말합니다.

 하늘의 소리에 귀를 기울이고 하늘 닮은 사람이 되면, 지금 여기 참 행복과 생명이 있습니다. 맏아들처럼 하느님의 말씀에 순종하여 순천자(順天者)가 되어서 존(存)할 것이지, 욕망의 소리에 귀를 기울이고 하느님을 거역하여 역천자(逆天者)가 되어서 망(亡)할 것인지는 스스로 결단을 내려 결정할 일입니다.

연중 제 27주일
- 이사야 5,1-7
- 필립비 4,6-9
- 마태오 21,33-43

남을 알면 지식, 자신을 알면 밝음
: 知人者智, 自知者明

오늘 우리는 포도원 소작인의 비유 말씀을 듣습니다. 예수님께서는 당시 이스라엘의 지도자들인 대사제와 율법학자 그리고 원로들 앞에서 이 비유 말씀을 하셨습니다. 예수님의 의도도 분명했고, 예수님의 말씀을 듣던 사람들도 그 의미를 확실하게 알아들었습니다.

예수님이 들려주신 비유 말씀이 대사제들과 율법학자들, 원로들과 바리사이파 사람들의 비위에 몹시 거슬렸습니다. 예수님의 말씀은 그들을 두고 하신 말씀이기 때문입니다. 그들은 예수님께 앙심을 품고 그분을 죽여 없앨 궁리를 합니다.

이 비유 말씀은 당시 유대인들과 그 지도자들을 향해서 하신 말씀이긴 합니다만, 오늘 우리도 그 의미를 새겨들어야 합니다.

요즘 서점에 가보면 처세술과 관계되는 책들이 여러 가지 나와 있습니다. 예를 들면 『지도력의 원칙: The Power principle』, 『성공하는 사람들의 일곱 가지 습관: 7 Habits』, 『소중한 것을 먼저 하라: First Things First』, 『우리는 사소한 것에 목숨을 건다 : Don't sweat the small stuff ..... and it's all small stuff』, 『마음을 바꾸면 세상이 달라진다 : The miracle of mind power』 이런 책들입니다.

이런 책들은 살벌한 무한경쟁 시대에 살아남을 수 있는 방법을 가르쳐 주고 있습니다. 어떻게 처신하면 인기를 얻을 수 있는지, 어떻게 생각하고 행동하면 돈을 잘 벌고 높은 지위에 오를 수 있는지, 자기 인생을 성공적으로 이끌기 위해서는 어떻게 해야 하는지 등등 여러 가지 처세술을 가르쳐 주고 있습니다.

세상이 복잡하기 때문인지, 인생살이에 자신 없는 사람들이 많기 때문인지 처세술과 관계되는 이런 책들은 대부분 베스트셀러에 들어 있습니다. 많은 사람들이 이런 책을 읽고 있습니다.

처세술과 관계되는 이런 책들은 대부분 일시적이고 표피적인 처세의 기술을 가르치고 있습니다. 훌륭한 처세술을 가지고 있는 사람은 인기와 명예도 얻고 돈도 잘 벌 수 있지만, 처세술이 나쁜 사람은 인생을 망친다는 식입니다. 사람들로부터 인정을 받고 사회적으로 높은 지위를 얻는 사람들은 대부분 훌륭한 처세술을 발휘하여 성공에 이르게 되었다고 강조하고 있습니다.

훌륭한 인격과 품성, 덕스러운 삶 따위는 인기를 얻고 출세를 하는 데 별 도움이 되지 않습니다. 사기꾼 같은 성품, 도둑놈 같은 심성, 비뚤어진 인격, 앉을 자리 설 자리도 구별하지 못하고 어른 아이도 구별하지 못하는 몰상식한 인간이라도 처세술만 그럴듯하면 성공할 수 있다고 강조합니다. 인생살이도 기술이므로 좋은 기술을 가지는 것이 중요하다는 것입니다.

그러나 조심해야 합니다. 바른 인격과 양심, 덕스러운 성품을 갖추지 못하고 현란한 처세술로 세상을 살아가면 오래 가지 못하고 무너지고 맙니다.

인생살이는 기술이 아닙니다. 인생살이는 농사와 같습니다. 뿌린 대로 거두고 땀 흘린 만큼 수확을 거둡니다. 아무리 농사 기술이 뛰어나고 좋은 농약과 비료, 성능 좋은 기계가 있어도 정직과 성실을 바탕으로 땀 흘리지 않으면 결코 풍요로운 결실을 거둘 수 없습니다.

땅이 살아 있어야 하는데, 당장 눈앞의 소출에만 신경을 쓰다 보니 농약과 화학비료를 함부로 사용하고 결과적으로 농사의 바탕인 땅을 죽이고 있습니다. 우리는 생명이 사라진 죽음의 땅에서 난 채소와 곡식과 과일들을 먹고 있습니다. 그리고 서서히 죽음의 세계로 빠져들고 있습니다.

인생살이나 사업이나 농사할 것 없이 정직과 성실함이 없이 기술과 요령을 앞세우면 당장은 득을 볼 수 있겠지만 오래가지 못합니다. 쉽게 무너지고 맙니다.

우리는 천주교인으로서 신앙생활을 하고 있습니다. 신앙생활이 우연한 행운이나 요행을 바라는 것일 수 없습니다. 신앙생활은 하느님의 말씀과 예수님의 가르침에 바탕을 둔 충직하고 성실한 것이어야 합니다. 하느님께서 우리에게 맡겨주신 소명에 충실해야 합니다.

오늘 복음 말씀을 통해서 충직하지 못할 뿐 아니라 부정직한 소작인들의 마지막이 어떠했는지 잘 들었습니다. 부정직한 소작인들은 주인의 진노를 면할 수 없었습니다. 그들은 자신들이 뿌린 대로 불행한 종말을 거두어들입니다.

소작인은 주인의 뜻대로 논밭을 관리하고 성실히 농사를 지어야 합니다. 그리고 주인과 맺은 계약대로 도조(賭租)를 바쳐야 합니다. 열심히 농사를 지어서 수확을 많이 얻으면 자신에게 돌아오는 몫도 많습니다. 그러나 게으름에 빠져서 농사짓는 일을 소홀히 한다면 자신에게 돌아오는 몫도 적을 수밖에 없습니다.

비유 속의 소작인들은 충직하지도 않고 정직하지도 않습니다. 그들은 자신들이 누구인지 몰랐습니다. 몰랐던 것이 아니라 잘 알고 있었지만 터무니없는 오만과 탐욕이 그들을 눈멀게 하여 자신들의 신분과 위치, 자신들이 해야 할 도리를 망각하고 맙니다. 소작인이면서도 주인의 자리를 넘보고 포도원을 통째로 삼키려고 덤벼들었으니 무사할 수 없는 노릇입니다.

우리가 성공적인 인생을 살기 위해서 해야 할 일이 한두 가지가 아닙니다. 가장 중요한 것은 자신이 누구인가를 아는 것입니다. 자신을 잘 알고 있다면, 행복하고 성공적인 인생을 살게 됩니다.

노자(老子)는 도덕경(道德經)에서 이런 말을 합니다. '남을 아는 것이 지식이라면, 자기를 아는 것은 밝음이라.(知人者智, 自知者明)'.

공부를 많이 하여 해박한 지식을 쌓아 박사가 된다고 해도, 또 돈을 많이 벌어서 부자가 된다고 해도 자기를 알지 못하면 어둠 속에 머무는 것과 같습니다. 지식 보따리와 돈 보따리를 등에 지고 깜깜한 어둠 속에서 어디로 가야 할지 몰라서 우왕좌왕하는 어리석은 사람의 처지를 생각해 보십시오. 이렇게 바보 같은 인생을 살아서야 되겠습니까?

어디로 가야 할지도 모르면서 무엇을 많이 지니고 있다면 그것은 무거운 짐이요 멍에일 뿐입니다. 그럼에도 불구하고 부정직한 소작인들은 많이 가지는 것이 성공이라고 믿었기에 주인의 포도원을 통째로 집어삼키려고 덤벼듭니다. 결국 그들은 주인의 진노를 피할 수 없어서 망했습니다. 자기를 모르면 이렇게 됩니다.

한편, 자기를 아는 사람은 환한 밝음 속에 있습니다. 돈 보따리나 지식 보따리는 없어도 어디로 가야 할지 잘 알기 때문에 바르게 자기 갈 길을 갑니다.

소작인이라면 소작인의 길을 가야 합니다. 성실히 소작인 노릇을 다하여 성공하게 되면 포도원 주인이 될 길도 열립니다. 사제는 사제의 길을 가야 하고, 수도자는 수도자의 길을 가야 합니다. 평신도는 평신도의 길을 가야 합니다.

바른길을 가기 위해서 내가 누구인지 알아야 합니다. 아버지의 길, 어머니의 길, 남편의 길, 아내의 길, 자식의 길, 우리가 가야 할 길이 이렇게 분명합니다. 자기를 알면 환한 빛 속에 머물게 되고, 자기를 모르면 길을 잃게 됩니다.

부디 여러분 자신을 잘 알아서 환한 빛 속에 머물기 바랍니다. 하느님의 자녀요 예수님의 제자로서 자신의 소명에 성실하는 충직한 신앙생활을 하시기 바랍니다. 여러분의 인생이 하느님의 사랑과 축복을 받는 성공적인 인생이 되기를 간절히 바랍니다.

연중 제 28주일
- 이사야 25,6-10
- 필립비 4,12-14.19-20
- 마태오 22,1-14

하느님의 소리에 귀를 기울이기

'소탐대실(小貪大失)'이라는 고사성어(故事成語)가 있습니다. 작은 것을 탐내다가 큰 것을 잃는다는 말입니다. 중국 춘추전국 시대에 진(秦)나라 혜(蕙)왕은 촉(蜀)나라를 치고 싶었지만, 워낙 길이 좁고 험해서 쉽게 촉나라에 접근할 수 없었습니다.

촉나라 왕후는 재물이나 황금에 대한 욕심이 많은 여자였습니다. 혜왕은 진나라에는 황금 똥을 싸는 소가 한 마리 있는데, 이 소를 촉나라 왕후에게 선물하고 싶다고 거짓 소문을 퍼뜨립니다. 황금에 눈이 먼 촉나라 왕후는 그 소를 가지고 싶어서 큰길을 트게 됩니다. 진나라 혜왕은 황금 똥을 싼다는 가짜 소를 보내면서 무기를 숨긴 군사들도 함께 촉나라로 보냅니다. 그리고 한순간에 촉나라를 쳐서 굴복시킵니다. 촉나라는 황금에 눈이 먼 왕후 때문에 멸망합니다. 이렇게 작은 것을 얻으려다가 나라를 잃게 되는 어리석음을 일컬어서 소탐대실(小貪大失)이라 합니다.

오늘 복음 말씀은 혼인잔치의 비유입니다. 예수님께서는 임금의 혼인잔치에 초대받고도 가지 않았던 사람들의 어리석은 모습을 이렇게 말씀하십니다.

"초대받은 그들은 아랑곳하지 않고, 어떤 자는 밭으로 가고 어떤 자는 장사하러 갔다. 그리고 나머지 사람들은 종들을 붙잡아 때리고 죽였다."

임금의 초청을 대수롭지 않게 여기는 사람, 밭으로 일하러 가는 사람, 장사하러 가는 사람, 심지어 초대장을 전달하려고 찾아온 임금의 종을 때려주거나 죽이기까지 한 사람들이란 도대체 어떤 사람들입니까? 그들의 귀에 임금의 초청 소리가 들리지 않았던 이유가 무엇일까요? "예"하고 기뻐하며 흔쾌히 달려가지 않았던 이유가 무엇일까요?

밭으로 농사일을 하러 간 사람은 한 톨이라도 더 거두어 한 푼이라도 더 벌어야겠다는 생각을 합니다. 그에게 임금의 초대보다 한 줌의 소출이 더 중요합니다.

장사하러 간 사람은 어떤 생각을 합니까? 그의 머릿속에는 더 많이 벌어서 빨리 부자가 되어야겠다는 생각으로 가득 찼을 것이 틀림없습니다. 장사꾼에게는 임금의 초대보다 몇 푼의 돈이 더 중요합니다.

임금님의 종을 때려주거나 죽인 사람들은 임금을 아예 무시하거나 우습게 여기고 있습니다. 이런 사람은 배짱으로 인생을 살아가는 사람입니다. 자기 생각과 고집과 주장만 내세우는 사람이기 때문에 누가 뭐라고 해도 제 마음에 들지 않으면 받아들이지 않고 막무가내로 삽니다.

 임금의 초대를 거절한 사람들은, 눈앞의 작은 이득과 자신만을 생각하는 이기심에 사로잡혀 하늘의 소리를 듣지 못하고 사는 우리의 모습과 같습니다. 눈앞의 작은 이득과 돈벌이에 정신을 빼앗긴 사람들, 자기 고집과 주장을 내세우면서 하늘의 소리를 외면하는 사람들은 하늘나라를 누릴 자격이 없습니다.

 소탐대실이라는 고사성어를 말씀드렸습니다만, 임금의 초대를 거절한 농사꾼, 장사꾼, 무뢰배야말로 소탐대실의 표본입니다.

 우리가 평소에 마음의 여유를 가지고 하늘의 소리에 귀를 기울이고, 하느님의 초대에 '예'하고 달려간다면, 풍성한 잔치상이 마련된 곳에서 기쁨과 사랑의 축제를 즐길 수 있습니다. 참 행복과 평화를 누릴 수 있습니다.

 우리가 하느님의 자녀요 예수님의 제자로서 신앙생활을 하면서 얻고자 하는 것이 무엇입니까? 돈이나 권력, 명예나 행운을 얻기를 원합니까? 혹은 신앙생활을 통해서 무병장수나 운수대통하기를 원합니까? 그렇다면 줄을 잘못 섰습니다. 예수님께서 우리를 당신 제자로 부르신 것은 하느님 나라를 선물 주시려는 것이지 무병장수나 운수대통을 주시려는 것이 아닙니다. 예수님은 하느님 나라의 초대장을 가지고 우리 가운데 오신 분입니다.

 우리가 하느님 나라에로의 초대에 응답하려면 예수님을 통해서 들려오는 하늘의 소리에 귀를 기울일 줄 알아야 합니다. 하느님 초대에 응답하려면 눈앞의 작은 이익을 포기할 줄 알아야 하고, 이기적인 욕망의 소리를 무시할 수 있어야 합니다.

 우리가 욕망의 노예가 되어서 눈앞의 작은 이득에 마음을 빼앗기게 되면 하느님의 초대를 무시하게 됩니다. 당장의 현실적인 이득이나 일신의 안일 때문에 하느님 나라를 놓친다면 그야말로 소탐대실(小貪大失)의 어리석음에 빠지는 것입니다.

 우리가 살고 있는 현실이 각박하기 때문인지 많은 신앙인들이 하느님의 소리를 외면하고 욕망의 소리에 따라서 살아갑니다. 많은 신앙인들이 믿음을 버리고 불신자로서의 어리석은 삶을 삽니다.

 신라시대 고승(高僧) 원효 대사(617-686)가 쓴 발심수행장(發心修行章)-수도자가 되기 위해 결심하고 출가하는 사람들에게 주는 글에는 이런 대목이 있습니다.

 "아무도 천당 가는 길을 막지 않는데도 이곳으로 가는 사람이 적은 까닭은 삼독(三毒) 즉 탐욕, 성냄, 어리석음을 보배로 삼기 때문이다. 악도(惡道), 즉 지옥, 아귀, 축생, 수라의 세계에 아무도 오라고 잡아끌지 않아도 그리로 들어가는 사람이 많은 까닭은 사사(四蛇: 眼. 耳. 鼻. 舌. 身) 오욕(五慾: 財慾. 食慾. 色慾. 名慾. 睡眠慾)을 소중하게 여기기 때문이다."

 하느님 나라로 향하는 길을 그 누구도 가로막지 않습니다. 그럼에도 불구하고 그리로 가는 사람들이 적은 이유는 삼독(三毒) 때문인데, 삼독은 탐·진·치(貪嗔癡) 세 가지 독(毒)을 말합니다. 탐(貪)은 모든 욕망을 한마디로 표현한 말인데 재물에 대한 욕망인 재욕(財慾), 사람에 대한 욕망인 애욕(愛慾)과 색욕(色慾), 권력과 명예에 대한 욕망 즉 명욕(名慾) 따위를 말합니다. 천사 같은 성인군자도 탐의 늪에 빠지면 헤어날 수 없습니다. 당연히 하느님 나라를 향한 길에서 벗어날 수밖에 없습니다. 진(嗔)은 성을 내는 것입니다. 한마디로 감정의 지배를 받는 것입니다. 전후좌우와 상하를 가리는 이성(理性)이 아니라 파도 같은 감정의 지배를 받는 것을 말합니다. 감정의 지배를 받으면 작은 것에 일희일비(一喜一悲)하게 됩니다. 진(嗔)에 빠지면 하늘의 소리를 들을 수 없습니다. 결과적으로 치(癡) 즉 어리석음에 빠지게 됩니다. 어리석음은 눈멀고 귀먹는 것입니다. 살길이 어디인지 죽음의 나락이 어디인지 구별하지 못하기 때문에 멸망의 구렁텅이에 빠지는 것입니다.

　예수님은 원효 대사보다 680년 전에 태어난 분입니다. 원효는 공부를 많이 했지만 예수님은 공부도 못했습니다. 그렇지만 예수님의 가르침은 원효의 가르침보다 쉽고 뛰어납니다. 임금의 초대를 받고도 눈앞의 작은 이득 때문에 그 초대를 외면하는 사람들의 이야기를 680년 후 신라의 원효 대사가 발심수행장(發心修行章)에서 이야기하고 있습니다.

　우리가 지닌 욕망이 무조건 나쁜 것은 아닙니다. 이 세상이 돌아가는 이유도, 또 우리 인생길이 하느님 나라를 향한 도정(道程)이 될 수 있는 것도 인간들이 지닌 욕망이 있기 때문입니다. 그러나 좋은 욕망이라도 내가 그 욕망을 지배할 수 있어야지, 내가 욕망의 지배를 받게 되면 그때부터 하느님의 소리를 들을 수 없게 됩니다. 내가 욕망을 지배할 수 있게 되면, 그 욕망들이 하느님 나라를 향한 나의 발걸음에 도움이 됩니다. 반면에 내가 욕망의 지배를 받게 되면 욕망의 노예가 되어서 하느님의 소리를 외면하고 욕망의 소리를 따르게 됩니다.

하느님의 소리에 응답하고 내가 욕망의 주인이 되어서 욕망을 지배하게 되면, 우선은 몸도 마음도 고달프게 됩니다. 그러나 이때부터 우리 앞에 하느님 나라가 펼쳐지면서 행복하게 되고 평화를 누리게 됩니다.

한편 욕망이 나의 주인이 되어서 하느님의 소리를 외면하고 욕망의 소리를 따르게 되면 눈앞에 작은 이득이 생깁니다. 향락과 안일을 누리게 되고 나른한 게으름을 즐길 수 있게 됩니다. 이때부터 사사(四蛇), 네 마리의 욕망의 뱀들이 내 몸과 마음을 집어삼키기 시작합니다. 그리고 오욕(五慾), 다섯 가지 욕망의 늪에 빠져서 허우적거리기 시작합니다. 지옥은 여기서부터 시작됩니다.

오늘도 우리는 예수님의 초대를 받고 이 거룩한 미사에 나왔습니다. 늘 하늘의 소리에 귀를 기울이면서 성모님처럼 '이 몸은 주님의 종입니다.' 하고 응답하는 복된 삶이 되기를 기도합니다.

연중 제 29주일
- 이사야 45,1.4-6
- 1테살로니카 1,1-5
- 마태오 22,15-21

하느님의 것은 하느님께 돌려드려라

예수님 시대에 이스라엘은 로마의 식민지 통치를 받고 있었습니다. 정치적으로는 로마의 속국이었지만, 종교적으로는 비교적 자유로웠습니다. 로마 제국은 속국의 종교와 문화는 존중해주는 통치방식을 선택했습니다.

유대인들은 로마인들에게 세금을 바치는 것이 늘 괴로웠습니다. 로마인들은 유대인 세리들을 고용하여 과도한 세금을 거두어들였습니다. 정치적 억압과 경제적 수탈을 당하고 있던 유대인들은 로마 제국으로부터 독립하기를 원했습니다. 유대인들은 정치적 독립을 얻기 위해서 힘든 투쟁을 벌여 왔습니다. 예수님의 제자들 가운데도 이스라엘의 독립을 위해서 무장항쟁을 벌이던 열혈당원 출신이 있습니다. 유대인들은 세금을 내기는 했지만, 폭압이 두려워서 빼앗기다시피 세금을 내고 있었습니다.

이런 현실을 이용해서 바리사이파 사람들은 교묘하게 예수님을 함정에 빠뜨리려 합니다. 그들이 판 함정은 세금 문제입니다.

"황제에게 세금을 내는 것이 합당합니까, 합당하지 않습니까?"

만일 예수님께서 '세금을 바쳐야 한다.'라고 대답하면 둘러 서 있는 유대인들에게 예수님을 로마에 빌붙는 민족의 배신자라고 고발할 작정입니다. 한편 예수님께서 '세금을 내는 것이 합당하지 않다'라고 대답하시면, 로마 사람들에게 납세 거부를 획책하는 반역 선동자로 고발할 작정입니다. 예수님은 진퇴양난(進退兩難)에 빠진 셈입니다. 그러나 예수님은 그 함정을 쉽게 빠져나옵니다.

당시 통용되던 동전에는 황제의 초상과 로마자가 새겨져 있습니다. 유대인들은 로마 사람들과 황제를 증오하고 있지만, 황제의 초상이 새겨진 돈은 좋아합니다. 예수님께서는 동전 하나를 보자고 하신 후 이렇게 묻습니다.

"이 초상과 글자가 누구의 것이냐?"

"황제의 것입니다."

"그렇다면 황제의 것은 황제에게 돌려주고, 하느님의 것은 하느님께 돌려드려라."

사람들이 저지르는 큰 잘못 중에 하나는 하느님의 것과 인간의 것을 제대로 구분하지 않는다는 것입니다. 사람들의 소유도 누구의 것인지를 확실히 구별하여야 합니다. 그래야 함부로 남의 것을 훔치거나 빼앗거나 사기 치지 않게 됩니다.

우리가 탐욕의 어리석음에 빠지면 하느님의 것과 인간의 것을 구분하지 못하게 되고, 나의 것과 너의 것도 구별하지 못하게 됩니다. 사람들이 탈세, 횡령, 수뢰, 사기, 탈취, 착취, 강도, 절도 따위의 범죄를 저지르는 이유가 어디에 있습니까? 하느님의 것과 인간의 것, 나의 것과 너의 것을 분명히 구별하지 못하기 때문 아닙니까? 무엇이든지 자기 손에 움켜쥐기만 하면 제 것이 되는 양 착각하기 때문 아닙니까?

하느님의 것과 인간의 것, 나의 것과 너의 것을 확실히 구별할 줄 안다면 함부로 하느님의 것을 가로채서 인간의 것으로, 너의 것을 빼앗아서 나의 것으로 만들 수 없습니다.

하느님의 것과 인간의 것을 분명히 구별할 줄 알게 되면, 하느님의 것은 하느님께 돌려드릴 수 있습니다. 각자가 지금 가지고 누리는 것에 만족하면서 감사할 수 있습니다. 그런데 하느님의 것과 인간의 것을 제대로 구분하지 못하기 때문에 감히 하느님의 것을 넘보다가 천벌을 받습니다.

너의 것과 나의 것을 구별할 수 있으면 너의 것을 존중하면서 내가 가진 것에 만족합니다. 그런데 너의 것과 나의 것을 바르게 구별하지 못하기 때문에 함부로 너의 것을 빼앗아 나의 것으로 만들려고 사기, 탈취, 착취, 강도, 절도 따위의 범죄를 저지릅니다.

유대인들이 로마 제국과 황제의 속박에서 벗어나기를 원한다면, 로마 황제의 초상과 글자가 새겨진 동전마저도 사용하지 않아야 합니다. 그러나 유대인들은 그 돈을 사용할 뿐 아니라, 그 돈을 좋아하고 돈을 모으기에 혈안이 되어있습니다. 자신들도 이런 모순 속에 살고 있으면서 예수님을 함정에 빠뜨리려고 합니다.

예수님은 그들이 파놓은 함정에 빠지지 않습니다. 오히려 그들의 눈멈과 어리석음을 일깨워주면서, 하느님의 것은 하느님께 돌려드리고, 황제의 것을 황제에게 돌려주라고 말씀하십니다.

우리도 눈을 뜨고 하느님께 돌려드려야 할 것이 무엇인지, 지금 내가 누리고 있는 것이 누구의 것인지 분명히 구분할 줄 알아야 합니다. 그래야 복을 받을 수 있고 감사하면서 만족할 수 있습니다.

한번 따져보겠습니다. 저를 포함해서 지금 이 자리에 모인 우리 가운데 100년 전에 있었던 사람이 있습니까? 아무도 없습니다. 그렇다면 우리 가운데 100년 후에도 살아 있을 사람이 있습니까? 아무도 없습니다.

100년 전에 우리는 허무(虛無)-없음이었습니다. 하느님께서는 허무였던 우리에게 생명을 점지해 주셨습니다. 우리는 부모님을 통해서 한 인간으로 이 땅에 태어나 지금 이런 모습으로 살고 있습니다. 그러니까 나라는 존재는 나의 것이 아니라 전적으로 하느님의 것입니다. 내가 나의 것이 아니라 하느님의 것이면, 하느님의 뜻[天命]에 따라서 살아야 마땅합니다. 하느님께서 영광과 찬미를 바치면서 살아야 합니다. 하느님의 것을 하느님께 돌려드리면서 사는 사람들에게 하늘은 큰 복을 내립니다.

어리석게도 많은 사람들이 자신이 하느님의 것이 아니고 자기의 것이라고 착각합니다. 그래서 하느님의 뜻을 외면하고 욕망의 노예가 되어서 자기 고집, 자기 주장, 자기의 뜻, 자기의 이기심에 따라서 삽니다. 이렇게 하느님의 것을 빼앗아서 자기의 것으로 삼으려는 사람들에게 하늘은 무심하지 않습니다. 벌을 내립니다.

장자(莊子)는 이렇게 가르칩니다. "若人作不善 得顯名者 人雖不害 天必戮之. 만일 사람이 악한 일을 하여 자기 이름을 드날리면, 비록 사람들은 어찌할 수 없지만 하늘은 반드시 그를 베고 만다."

우리는 시간 속에 살고 있습니다. 시간은 인간의 것이 아니라 하느님의 것입니다. 우리는 시간을 소유할 수 없습니다. 하느님께서 허락하신 시간의 흐름 가운데 머물 수 있을 뿐입니다. 죽는다는 것은 시간의 흐름에서 배제되거나 제외되는 것을 말합니다. 하느님께서 우리에게 시간을 허락하셨기 때문에 지금 우리는 이런 모습으로 생명을 유지하고 살아갑니다. 따라서 우리는 하느님께서 허락하신 시간을 하느님의 뜻에 따라서 사용하고 살아야 합니다. 그것이 하느님의 것을 하느님께 돌려드리는 것입니다.

하느님의 것인 시간을 나의 것인 양 착각하고 나의 안일과 향락, 나의 욕망을 충족시키고 나의 고집을 관철시키기 위해서 사용한다면 이것 또한 하느님의 것을 탈취하는 것입니다.

하느님께서 허락하신 시간을 하느님께 영광과 찬미를 드리기 위해서 사용하고, 이웃과 형제들을 사랑하기 위해서, 또 나누고 베풀면서 함께 행복과 기쁨을 누리기 위해서 시간을 사용한다면 지금 여기서 하느님 나라를 만들게 됩니다. 이것이 시간을 하느님께 돌려드리는 것입니다. 시간을 하느님께 돌려드리는 사람을 하느님께서는 축복하십시오. 그러면 시간은 영원으로 바뀌게 됩니다.

빈손으로 왔다가 빈손으로 간다는 공수래공수거(空手來空手去)라는 말은, 사람은 아무것도 내 것이다라고 말할 수 있는 것이 없다는 뜻입니다. 지금 내가 누리고 있는 시간, 생명, 젊음, 건강, 재산, 돈, 권력, 명예, 재능, 재주 따위는 하느님께서 잠시 우리가 이 세상에 머물러 있는 동안 누릴 수 있도록 빌려주신 것입니다. 모든 것은 하느님의 것입니다. 당연히 하느님의 것은 하느님께 돌려드려야 합니다.

우리가 지금 여기서 하느님의 것을 주인이신 하느님의 뜻에 따라서 사용하고 누리면, 하느님 나라를 지금 여기서 누리게 되고, 생명이 끝나면 하느님의 부르심을 받게 됩니다.

한편 지금 여기서 하느님의 것을 나의 것이라 주장하고 탈취하여 내 욕망대로 사용하면 지금 여기서 지옥을 만들게 되고, 죽음 후에도 하느님으로부터 버림받게 됩니다.

여러분들의 일상이 하느님의 것을 하느님께 돌려드려서 지금 여기서 하느님 나라를 누리는 행복한 삶 되기를 기도합니다.

연중 제 30주일
- 탈출기 22,20-26
- 1테살 1,5-10
- 마태오 22,34-40

사랑으로 하느님 되기

예수님은 지상 생활을 마감하고 하늘로 오르시면서 제자들에게 이렇게 명령합니다. "나는 하늘과 땅의 모든 권한을 받았다. 그러므로 너희는 가서 모든 민족들을 제자로 삼아, 아버지와 아들과 성령의 이름으로 세례를 주고, 내가 너희에게 명령한 모든 것을 가르쳐 지키게 하여라. 보라, 내가 세상 끝날까지 언제나 너희와 함께 있겠다."(마태 28, 18-20)

예수님은 모든 인류를 하느님 나라로 초대하기 위해 이 땅에 오셨습니다. 모든 사람들이 하느님의 생명에 참여하고 하느님과 하나가 되는 행복을 누리게 하려고 이 땅에 오셨습니다. 예수님은 아버지 하느님의 큰 사랑 안으로 온 인류를 초대하고 있습니다.

복음선포, 즉 전교란 대자대비 큰 사랑이신 하느님 아버지를 선포하는 것입니다. 하느님의 큰 사랑 안으로 가족과 이웃과 형제들을 초대하는 것이 복음선포, 전교입니다. 지난날, 복음선포 전교를 교세 확장이나 신자 수 늘리기 정도로 생각했던 때가 있었습니다.

물론 신자 수를 늘리고 교세를 확장하는 것도 전교의 중요한 목표 중 하나입니다. 그러나 더 중요한 것은 하느님 아버지의 큰 사랑을 알리고, 사람들을 하느님 아버지 품 안으로 초대하는 것입니다.

제가 부산가톨릭대학교에 재직할 때, 가끔 시내에 나갈 일이 있어서 지하철을 타면 꼭 만나는 사람이 있었습니다. "예수 천국! 불신 지옥!" 하고 소리치면서 종일 지하철을 오가는 사람입니다. '○○○전도단'이라는 어깨띠를 두르고 복잡한 지하철을 오가면서 예수를 믿지 않으면 지옥에 빠질 것이라고 협박하듯이 "예수 천국! 불신 지옥!" 하고 소리치는 그들의 모습을 보면서, 과연 저 사람들의 외침을 듣고 얼마나 많은 사람들이 예수님의 제자가 되겠는지 의심스러웠습니다.

저는 사제이지만 그 사람들처럼 전교 활동을 할 자신도 없고 그렇게 하고 싶지도 않습니다. 예수님은 하느님의 큰 사랑을 몸소 보여 주시고 그 사랑 안으로 온 인류를 초대하기 위해서 오신 분이시지, 믿지 않는 사람을 지옥에 처넣기 위해서 오신 심판관이 아닙니다.

예수님은 사랑하시고 용서하심으로써 하느님 아버지의 큰 사랑을 몸소 보여주시고 실천하신 분입니다. 세리와 창녀, 죄인들과 병자들, 과부들과 어린이들, 나병환자와 불구자들이 예수님 앞으로 모여든 것은 지옥에 빠지는 것이 두려워서가 아닙니다. 하느님의 큰 사랑을 체험했기 때문입니다. 예수님은 결코 "예수 천국! 불신 지옥!" 하고 그들을 협박하시지 않습니다. 협박하거나 위협하기는

커녕 그 반대로 죄로 더럽혀지고 얼룩진 그들의 영혼을 성령의 물로 깨끗하게 씻어주셨고, 그들의 상처받은 몸과 마음과 영혼을 치유의 손길로 어루만져 깨끗이 낫게 해주셨습니다. 모든 사람들이 그들을 외면하고 무관심했지만, 예수님은 따뜻한 손길로 그들을 받아주십니다. 그들은 예수님 품 안에서 비로소 아버지 하느님의 큰 사랑이 무엇인지를 알게 됩니다.

하느님의 큰 사랑 안에서 새롭게 태어난 그들은 그들과 같은 처지에 있는 사람들을 예수님 앞으로 데리고 옵니다. 복음선포, 전교(傳敎)는 이런 것입니다.

하느님의 사랑을 체험하고 하느님 나라를 누리는 사람들이 지옥불의 두려움에 떨고 있는 형제들에게 하느님은 용서하시는 아버지, 하느님은 상처를 치유해주시고 고통을 기쁨과 환희로 바꾸어주시는 아버지, 죽음을 생명으로, 어두움을 광명으로 바꾸어주시는 분이라는 사실을 알려주는 것을 복음선포, 전교입니다.

복음에서 예수님은 율법 중에 가장 큰 계명이 무엇이냐고 묻는 율법 교사에게 신명기 6, 5을 인용하시면서 이렇게 대답합니다. "너희는 마음을 다하고 목숨을 다하고 힘을 다하여 주 너의 하느님을 사랑해야 한다. 오늘 내가 너희에게 명령하는 이 말을 마음에 새겨 두어라."

마음을 다하고 목숨을 다하고 정신을 다해 하느님을 사랑하는 사람은 어떻게 됩니까? 마음을 다하고 목숨을 다하고 힘을 다해 하느님을 사랑하는 사람은 하느님 안으로 뛰어드는 사람인데, 틀림없이 그는 하느님의 한 부분이 되고 맙니다.

여기 시뻘건 쇳물이 펄펄 끓고 있습니다. 쇳덩이 하나를 그 쇳물 속에 던져 넣으면 어떻게 될까요? 쇳덩이는 녹아서 쇳물이 되고 맙니다. 마음을 다하고 목숨을 다하고 힘을 다해 하느님을 사랑하는 사람도 하느님 안으로 녹아 들어가 하느님의 일부가 됩니다.

하느님의 일부가 된 사람에게서는 하느님의 향기가 납니다. 하느님의 빛이 납니다. 그의 주변은 향기롭고, 그가 머무는 곳에는 어둠이 물러갑니다.

사도 바오로는 2코린토 2,14 이하에서 이렇게 말씀하십니다. "그리스도를 아는 지식의 향내가 우리를 통하여 곳곳에 퍼지게 하십니다. 구원받을 사람들에게나 멸망할 사람들에게나 우리는 하느님께 피어오르는 그리스도의 향기입니다."(2코린토 2, 14-15)

이 성찬의 전례에서 예수님의 말씀을 듣고 예수님을 생명의 양식으로 먹고 예수님과 하나가 되는 우리는 또 다른 예수가 됩니다. 우리에게서 예수님의 향기가 나는 것은 당연한 일입니다. 예수님의 향기 때문에 우리 주변이 맑고 밝고 향기롭게 되는 것이야말로 진정한 복음선포이며 전교입니다.

예수님을 닮아서 아름답고 향기롭게 되면 가만히 있어도 복음선포, 전교를 하게 됩니다. 아름답고 향기로운 꽃은 가만히 있어도 벌과 나비들이 찾아들게 됩니다.

교회는 '전교의 달'을 시작하는 10월 1일, 아기 예수의 성녀 데레사-흔히 소화(小花) 데레사라고 하는데-기념일을 지냅니다. 소화 데레사는 선교의 수호자입니다. 데레사 성녀는 1873년에 태어나서 열다섯 살이 되는 해인 1888년에 가르멜 수도원에 입회합니다. 수도생활 9년만인 1897년 24살에 요절(夭折)합니다.

소화 데레사 성녀는 짧은 생애를 살았습니다. 수도자로서 생활하면서 세상 밖으로는 한 발짝도 나가지 않고 봉쇄 수도원 안에서 살았습니다. 그럼에도 불구하고 교회는 소화 데레사 성녀를 선교의 주보(主保) 수호자로 선포합니다.

바오로 사도나 프란치스코 하비에르 성인은 복음을 선포하기 위해서 온 세상을 두루 다닙니다. 이런 성인들도 마음을 다하고 목숨을 다하고 힘을 다하여 하느님을 사랑한 분들입니다. 하느님을 사랑하는 열정이 그분들을 가만히 앉아 있도록 내버려 두지 않았던 것입니다. 그래서 목숨을 걸고 온 세상을 두루 다니며 복음을 선포합니다.

한편 소화 데레사 성녀는 봉쇄 수도원 안에서 마음을 다하고 목숨을 다하고 힘을 다하여 하느님을 사랑함으로써 한 송이 꽃처럼 아름답고 향기롭게 피어 있습니다. 온 세상 사람들은 24살에 요절한 성녀 소화 데레사를 통해서 하느님의 아름다움과 향기로움을 알게 됩니다. 소화 데레사 성녀가 선교의 수호자가 될 수 있었던 까닭입니다.

하느님의 자녀요 예수님의 제자인 우리는 복음선포의 소명을 받고 있습니다. 이 소명을 완수하기 위해서 우리는 먼저 하느님을 사랑하는 사람이 되어야 합니다. 하느님의 큰 사랑 안에서 예수님의 향기를 내뿜는 살아있는 꽃이 되어야 합니다. 여러분들의 아름답고 행복한 삶이 이웃과 형제들을 하느님께로 인도해 오는 향기가 되기를 기도합니다.

연중 제 31주일
- 말라 1,14-2,2.8-10
- 1테살 2,7-9,13
- 마태오 23,1-12

부끄러운 사제

오늘 독서와 복음 말씀은 평신도인 여러분들을 향한 말씀이라기보다 사제인 저를 향한 말씀입니다. 이 말씀에 비추어 사제로서 저의 삶을 되돌아보려고 합니다.

제1독서에서 말라키 예언서의 말씀을 들었습니다. 예언자 말라키는 사제들에게 이런 저주의 말씀을 내립니다.

"자 이제, 사제들아, 이것이 너희에게 내리는 계명이다. 너희가 말을 듣지 않고, 명심하여 내 이름에 영광을 돌리지 않으면, 내가 너희에게 저주를 내리고 너희의 축복을 저주로 바꾸어 버리겠다. - 만군의 주님께서 말씀하신다. - 그러나 너희는 길에서 벗어나 너희의 법으로 많은 이를 넘어지게 하였다. 너희는 레위의 계약을 깨뜨렸다."(말라 2,1-2.8.)

사제로 불림받은 사람들, 지도자로 불림받은 사람들이 해야 할 일은 하느님의 이름을 기려 하느님께 영광을 드리는 것입니다. 그러나 예언자 말라키 시대의 사제들은 자신들의 본분에 충실하지 않았습니다. 하느님의 이름을 기리면서 하느님께 영광을 드리기는 커녕 자신들의 지위와 직책을 내세워서 이기심과 탐욕을 채우기에 급급했습니다. 스스로 하느님의 법을 지키면서, 백성들에게 하느님의 법을 지키도록 가르쳐야 할 위치에 있으면서도 오히려 백성들 앞에 악한 표양을 보여 백성들이 걸려 넘어지게 했습니다. 예언자 말라키는 이런 사제들과 지도자들 위에 축복 대신에 저주가 내릴 것이라 말합니다.

하느님께서는 사람의 겉모습을 보고 축복을 내리지 않습니다. 사제라는 신분과 직책이 하늘의 복을 담을 수 있는 그릇은 아닙니다. 하늘은 복받을 그릇에 복을 담아주시고, 축복받을 노릇을 해야 축복을 내려줍니다. 자신의 본분을 망각하고 악한 표양으로 백성들을 걸려 넘어지게 한 사제들이 축복을 받지 못하는 것은 당연합니다.

제2 독서에서 사도 바오로는 이렇게 말합니다. "형제 여러분, 여러분은 우리의 수고와 고생을 잘 기억하고 있을 것입니다. 우리는 여러분 가운데 누구에게도 폐를 끼치지 않으려고 밤낮으로 일하면서, 하느님의 복음을 여러분에게 선포하였습니다. 우리는 또한 끊임없이 하느님께 감사를 드립니다. 우리가 전하는 하느님의 말씀을 들을 때, 여러분이 그것을 사람의 말로 받아들이지 않고 사실 그대로 하느님의 말씀으로 받아들였기 때문입니다." (1테살 2, 9. 13.)

사도 바오로는 자기 자랑을 하려고 이런 말을 하지 않습니다. 그는 복음을 선포하는 사도로서 꾸밈없이 당당하게 자신의 모습을 드러내 보여줍니다. 사도 바오로에게서 참 권위를 볼 수 있습니다.

권위주의에 사로잡혀 자신을 내세우는 것이 아니라, 교우들을 어머니처럼 부드럽게 대해 주는 사도 바오로 안에서 참 권위와 진정한 사랑을 발견합니다. 자기 자신을 내세우거나 자신의 이익을 도모하는 것이 아니라 하느님의 복음을 나누어 주기 위해서 목숨까지도 바칠 각오를 하고 있는 사도 바오로 안에서 십자가를 지고 죽음의 언덕을 오르는 예수님의 모습을 봅니다. 교우들에게 작은 폐도 끼치지 않으려고 열심히 노동하는 사도 바오로를 통해서 권위 있는 봉사자의 모습을 발견합니다.

사도 바오로의 이런 모습에 비추어보면 사목자로서 저의 모습은 초라하고 부끄럽습니다. 여러분들 눈에 사제인 저의 모습이 어떻게 비추어지고 있는지 궁금합니다. 저 자신을 포함해서 대부분의 한국교회 사제들의 모습은 권위주의에 사로잡힌 모습, 인격적으로 덜 성숙된 모습, 섬기려 하기 보다 섬김받으려는 모습이 아닌지 반성합니다.

하느님의 모습과 예수님의 모습은 눈앞에 보이지 않습니다. 그러나 하느님의 말씀을 선포하고 예수님의 가르침을 전하는 사제의 모습은 눈에 보입니다. 당연히 사제는 하느님의 모습과 예수님의 모습을 보여주는 사람이어야 합니다. 그러나 많은 경우, 교우들은 사제 안에서 예수님의 모습을 보기보다는 모나고 덜된 인간의 모습, 인격적으로 성숙하지 못한 모습을 보고 상처를 받습니다.

여러분들은 거칠고 험난한 세상에서 치열한 생존경쟁에 시달리면서 살아가고 있습니다. 직장이나 가정에서 이러저러한 사람들과 부딪히면서 상처를 받고 있습니다. 세상 한가운데서 상처받으면서 고달프게 인생을 살아가고 있는 여러분들은 성당에서만이라도 위로과 평안을 얻기를 원합니다. 그러나 불행하게도 성당에서도 인간적으로 덜 성숙된, 그리고 권위주의에 사로잡힌 사제들을 만나면서 위로는커녕 또 다른 상처를 받습니다.

이런 현상이 일어나는 이유는 한국교회가 성직자 중심 체제를 갖추고 있기 때문이기도 하지만, 사제의 원만하지 못하고 편협한 인간성과 부족한 수양 때문이기도 합니다.

고 김수환 추기경께서 『너희와 모든 이를 위하여』라는 책을 펴냈습니다. 그 책에는 '21세기 사제의 빛깔'이라는 제목의 글이 있습니다. 그 글 가운데서 추기경께서는 평신도가 바라는 사제상을 이렇게 적고 있습니다.

1. 침묵 속에 그리스도의 향기가 나는 사제
2. 기도하는 사제
3. 힘없고 약한 자를 돌보며, 그들의 고통을 나누고 사회정의를 위해 열심히 일하는 사제
4. 검소하며 물질에 신경을 안 쓰고 공금에 명확한 사제
5. 청소년과 친하게 대화를 나누며 교리교육에 힘쓰는 사제
6. 겸손하며 남의 말에 귀를 기울이고 그의 말을 끝까지 들어주는 사제
7. 웃어른뿐 아니라 누구에게나 말과 행동에 예의를 차릴 줄 아는 사제

8. 본당 내 각종 단체를 만들고 사리에 맞지 않는 독선을 피우지 않으며 평신도와 함께 본당을 이끌어 나가는 사제
9. 교구장 및 장상에게 순명하며 동료 사제들과 원만한 사제
10. 신도들에게 알맞은 강론을 성실히 하는 사제
11. 고백성사는 경건하고 예절답게 집행하는 사제
12. 고백성사를 성심껏 주는 사제
13. 친척이나 친한 교우에게만 매여 그 사람들의 말만 듣고 움직이지 않는 사제
14. 후배 사제의 양성에 마음 쓰며 생활하는 사제
15. 죽기까지 사제의 성직에 충실한 사제.

이렇게 열다섯 가지입니다.

평신도들이 원하는 사제상을 읽으면서 저는 솔직히 사제로서 자격이 없다는 것을 느낍니다. 저는 도무지 김수환 추기경께서 말씀하신 평신도들이 원하는 사제상을 보여 드릴 자신이 없을 뿐 아니라, 그렇게 살지도 못하고 있습니다. 더구나 오랜 사제 생활을 하는 동안 제 나름의 모습이 굳어질 대로 굳어져서 지금 와서 고치려고 해도 고칠 수 없는 지경입니다.

저는 가끔 제가 누구를 위해서 살고 있는지 헷갈릴 때가 있습니다. 바오로 사도처럼 복음을 선포하면서 하느님께 영광을 드리기 위해서 사는 사람인지, 제 자신을 위해서 사는 사람인지 헷갈릴 때가 있습니다. 본당 사목을 하면서 누가 이 본당의 주인인지, 제가 주인인지 여러분들이 주인인지 헷갈릴 때가 있습니다. 제가 여러

분들을 예수님의 제자로 만드는 것이 아니라 저의 펜(fan)으로 만들고 있는 것이 아닌지 헷갈릴 때도 있습니다.

사제요 사목자인 저는 오로지 사랑 크신 아버지 하느님과 스승 예수님을 증거해야만 하지, 저 자신의 모습을 드러내어서는 안 됩니다. 그럼에도 불구하고 많은 경우에 하느님도 예수님도 온데간데 없고 인간적으로 덜된 제가 앞에 버티고 서서 여러분들께 하느님을 만나지 못 하게 하고 예수님을 못 보게 하는 장애물 노릇을 하지 않는지 반성합니다.

오늘 예수님께서는 말만 앞세우고 실천하지 않는, 다른 사람들에게는 무거운 짐을 지워 주면서도 자신들은 손가락 하나 까딱하지 않는, 높은 자리를 찾으면서 인사 받기를 좋아하는 율법학자들과 바리사이파 사람들을 꾸짖으시면서 이렇게 말씀하십니다.

"그들이 너희에게 말하는 것은 다 실행하고 지켜라. 그러나 그들의 행실은 따라 하지 마라. 그들은 말만 하고 실행하지 않는다."(마태 23, 3)

예수님의 말씀은 천만 번 옳습니다. 저는 늘 말만 앞세웠지 실천하지는 않습니다. 예수님 말씀대로 여러분이 저의 행실을 본받으려 하지 마시기 바랍니다. 저는 여러분들 앞에 악한 표양을 보이지 않도록 조심하겠습니다.

부디 저와 한국교회의 사제들의 부족함을 용서하시고, 저와 모든 사제들이 겸손하게 섬기고 봉사하는 삶을 살 수 있도록 기도해 주시기를 청합니다.

연중 제32주일

- 지혜 6,12-16
- 1테살 4,13-18
- 마태오 25,1-13

등불을 켜 들고

가을이 깊어 가고 있습니다. 시외로 나가면 가을걷이가 끝난 황량한 들판을 만나게 됩니다. 빈 들판은 내년의 농사를 위해서 자신을 비워 두고 있습니다. 저도 올 한해 무엇을 거두어들일 수 있을까 반성하고 있습니다.

이조 시대에 영의정을 지냈던 홍서봉(洪瑞鳳 1572-1645)이라는 사람이 있습니다. 그의 호는 학곡(鶴谷)이고 자는 휘세(輝世)입니다. 홍서봉이 조선에서 임금 다음으로 높은 벼슬인 영의정이 된 것은 그의 어머니 유씨 덕분입니다.

홍서봉의 어머니 유씨는 남편이 죽은 후에 혼자 몸으로 홍서봉을 교육시켜 나라의 재상이 되게 했습니다. 홍서봉의 어머니 유씨에 대한 일화가 여럿 있는데, 그중의 하나를 소개합니다.

홍서봉의 어머니 유씨는 천성이 어질고 사려 깊은 부인입니다. 하루는 집에 찾아온 손님을 대접하기 위하여 고기 한 근을 사 오라고 계집종을 저자거리에 보냈습니다. 계집종이 사온 고기를 보니 빛깔이라든지 냄새가 이상했습니다. 살펴보니 상한 고기였습니다.

유씨는 계집종에게 물었습니다.

"네가 지금 고기를 사 온 푸줏간에 고기가 얼마나 남아 있더냐?"

"상당히 많은 양이 남아 있었습니다."

유씨는 방으로 들어가서 급한 일이 있으면 쓰려고 간직해 두었던 돈을 모조리 꺼내 왔습니다.

"너 이 돈을 가지고 가서 그 남은 고기를 몽땅 사 오너라. 너 혼자서는 가져올 수 없을 테니, 행랑아범을 데리고 가거라."

"마님, 그렇게 많은 고기를 다 어디에 쓰시려고요?"

"네가 걱정할 바 아니다."

그래서 계집종은 행랑아범과 같이 가서, 거의 한 짐이나 되는 고기를 사서 돌아왔습니다.

"수고했다. 뒤뜰 한구석에 구덩이를 깊이 파고 그 고기를 전부 파묻어라."

계집종과 행랑아범은 영문을 몰라 서로 얼굴을 마주 보았습니다.

"마님, 왜 이 아까운 고기를 모두 파묻으라고 하십니까?"

"상했기 때문이다."

"그런 줄 아시면서 왜 그 많은 돈을 들여 상한 고기를 사 오도록 하셨습니까?"

"만일 다른 사람들이 그 고기를 모르고 사서 먹는다면 어떻게 되겠느냐? 그렇다고 해서 넉넉지도 못한 고기 장수가 이 많은 고기를 버려야 한다면 그가 얼마나 상심하겠느냐? 그래서 내가 모두 사서 땅에 묻으려고 하는 것이다."(『대동기문』권3, 현대사회연구소, 손거울 36쪽에서)

홍서봉의 어머니 유씨의 세상 사는 모습을 어떻게 생각하십니까?

사람들이 살아가는 모습은 갖가지입니다. 어떤 사람들은 지혜로 세상을 살아가고, 어떤 사람은 지식으로 세상을 삽니다. 어떤 사람은 꾀나 요령으로 인생살이를 합니다. 지혜는 무엇이고 지식은 무엇이며 또 꾀는 무엇입니까? 지혜가 지식이고 지식이 꾀라고 생각할 수도 있습니다. 그러나 지혜와 지식과 꾀는 다릅니다.

지혜란 사랑과 덕, 믿음과 소망이 담겨 있는 살아 있는 슬기입니다. 지혜로운 사람은 자신의 생각이나 고집이 아니라 늘 하늘과 하느님의 뜻을 헤아리는 사람입니다. 지혜로운 사람은 자신의 알량한 지식이나 능력, 혹은 재력이나 지위를 과시하려 하지 않고, 거기에 의지하지도 않습니다. 지혜로운 사람은 언제나 겸손하며 자기를 낮추는 사람입니다. 지혜로운 사람은 자기보다 이웃과 형제들을 먼저 생각하며 행동합니다. 지혜로운 사람은 겉으로 보기에 어리석어 보이고 바보 같지만 늘 푸근하고 모나지 않습니다. 지식이 있고 꾀 있는 사람들에게 지혜로운 사람은 어리석고 바보 같아 보입니다. 그러나 이런 지혜로운 사람들이 이 세상을 살리고 새롭게 하는 사람들입니다.

홍서봉(洪瑞鳳)의 어머니 유씨는 똑똑한 사람도 꾀스러운 사람도 아닙니다. 유씨는 어리석은 사람이고 바보 같은 사람입니다. 그러나 유씨는 지혜로운 사람입니다. 자신이 손해를 보기 때문에 수많은 사람들을 살리고 기쁘게 한 사람입니다.

우리의 가정에 지혜로운 사람이 한 사람이라도 있다면 가정은 살아날 것이고 기쁨과 평화가 넘칠 것입니다. 우리 공동체에 지혜로운 사람들이 많을수록 공동체는 사랑의 공동체가 되고 살아 있는 공동체가 됩니다.

우리 사회는 누구보다도 지혜로운 사람들을 요구하고 있습니다. 불행하게도 지식으로 무장한 사람, 꾀와 요령으로 살아가는 사람들이 더 많습니다. 우리 사회가 혼란스럽고 불행한 이유가 여기에 있습니다.

오늘 제1독서는 이렇게 말합니다. "지혜는 바래지 않고 늘 빛이 나서 그를 사랑하는 이들은 쉽게 알아보고 그를 찾는 이들은 쉽게 발견할 수 있다."(지혜 6, 12) 지혜로운 사람은 이 세상의 어둠을 밝히는 등불과 같습니다. 지혜로운 사람은 가정을 비추고 교회를 비추고 이 세상을 비추어 어둠을 몰아냅니다.

스승 예수님은 지혜 그 자체이십니다. 예수님은 하느님의 뜻을 찾고 하늘의 소리에 귀를 기울입니다. 그리고 예수님은 어리석은 십자가의 길을 걷습니다. 우리는 예수님의 십자가 때문에 하느님의 자녀가 되었고 구원 대열에 한 자리를 차지하게 됩니다. 그래서 사도 바오로는 이렇게 말합니다.

"우리는 십자가에 못 박히신 그리스도를 선포합니다. 그리스도는 유다인들에게는 걸림돌이고 다른 민족에게는 어리석음입니다. 그렇지만 유다인이든 그리스인이든 부르심을 받은 이들에게 그리스도는 하느님의 힘이시며 하느님의 지혜이십니다."(1코린 1, 23-24)

예수님은 늘 별처럼 빛나시며 우리의 앞길을 비추어 주십니다. 우리가 예수님을 주님이라 받들어 섬기는 것도 그 때문이며, 예수님을 바라보며 사는 것도 그 때문입니다.

불행하게도 이 세상에는 지혜로운 사람들보다 지식을 갖춘 똑똑한 사람들이 더 많습니다. 지식인들은 아는 것이 많습니다. 아는 것이 많기 때문에 남보다 똑똑합니다. 똑똑하기 때문에 다른 사람보다 앞서고 지위도 높고 돈도 잘 법니다. 이런 사람은 똑똑하고 잘 낫기에, 그리고 가진 것도 좀 있기에 그것을 자랑하고 남에게 굽힐 줄을 모릅니다. 이런 사람들은 자기를 내세우고 자기를 고집합니다.

똑똑한 지식인이 많을수록 세상은 시끄럽고 혼란스럽습니다. 우리 속담에 '사공이 많으면 배가 산으로 올라간다.'는 말이 있습니다. 똑똑한 사람이 많기 때문에 싸움 끊이지 않고 시끄럽습니다. 그리고 잘되는 일이 별로 없습니다.

세상을 꾀와 요령으로 사는 사람들도 있습니다. 자기중심적이고 약삭빠르고 결코 손해 보는 일을 하지 않는 사람, 자신에게 득이 되면 이웃이야 어떻게 되든 상관하지 않는 사람들이 꾀와 요령으로 사는 사람들입니다.

이런 사람들은 가정을 절단내고 이 사회를 절단내고 교회를 절단내고 나라를 망치게 합니다. 이런 사람들은 사람 사는 세상을 짐승이 사는 살벌한 세상으로 만듭니다. 꾀와 요령으로 사는 사람들은 자기 혼자는 편하고 호사스럽게 잘살지는 몰라도 가정과 교회와 사회를 어둡게 만듭니다.

예수님은 꾀스럽지 못하고 어리석었기에 십자가를 지셨습니다. 그러나 그분은 우리의 스승이요 주님이 되셨습니다. 이제 우리가 어떻게 인생을 살아야 할 지 고민해야 할 차례입니다. 대답은 여러분들 스스로가 하십시오.

오늘 복음에서 예수님께서는 열 처녀의 비유를 들려주십니다. 등잔과 함께 기름을 준비한 슬기로운 다섯 처녀들은 누구이며, 등잔은 준비하고 있지만 기름은 준비하지 못한 미련한 다섯 처녀는 누구입니까?

우리는 등잔도 가지고 있어야 하지만 불 밝힐 기름도 준비하고 있어야 합니다. 천주교 신자라는 등잔만으로는 우리 가정을 밝힐 수 없고 이 세상의 어둠을 밝힐 수 없습니다. 천주교 신자라는 등잔에 기름이 채워져야 어둠을 밝힐 수 있습니다.

어떤 기름으로 우리를 채워야 어둠을 밝힐 수 있습니까? 지식이나 꾀? 혹은 돈이나 재물이나 권력? 그런 기름으로는 우리 주변의 어두움을 밝힐 수 없습니다.

지혜의 기름, 사랑과 믿음의 기름, 자비와 희생의 기름, 덕스럽고 너그러움의 기름이 가정과 사회의 어둠을 밝힐 수 있습니다. 사랑과 희생과 너그러움으로 자신을 가득 채운 사람이 등잔과 기름을 함께 지닌 사람입니다. 이런 사람을 지혜로운 사람이라고 말합니다. 이런 사람들을 항상 깨어 있는 사람이라고 말합니다.

우리 사회는 꾀스럽고 약삭빠르게 사는 사람을 필요로 하지 않습니다. 머리는 꽉 찼지만 가슴이 차갑고 메마른 지식인을 요구하지 않습니다. 따뜻한 가슴을 가지고 있는 지혜 있는 사람들을 요구하고 있습니다.

복음 말씀처럼 주님은 언제 우리를 찾아오실지 알 수 없습니다. 천주교 신자라는 빈 등잔만으로 주님을 맞이할 수 없습니다. 그 등잔에 사랑과 너그러움의 기름, 희생과 봉사의 기름을 가득히 채우는 지혜로운 사람이 되시기 바랍니다.

"그날과 그 시간은 아무도 모른다. 그러니 항상 깨어 있어라."

연중 제 33주일 평신도의 날
- 잠언 31,10-13.19-20.
  30-31
- 1테살 5,1-6
- 마태오 25,14-30

교회의 주인이며 희망인 평신도

오늘은 '평신도의 날'입니다. '평신도의 날'이 제정된 이유가 무엇인지 잘 모르겠습니다만, 아마도 한국교회의 성직자 중심주의가 빚어낸 결과가 아닌가 생각됩니다.

한국사회의 뿌리 깊은 병폐는 남존여비, 관존민비, 가부장 중심주의입니다. 한국사회의 이런 풍조는 교회 안에서도 예외가 아니어서, 성직자 중심주의로 나타나고 있습니다.

한국교회의 성직자 중심주의가 워낙 확고하게 자리잡고 있어서, 교회의 바탕은 평신도임에도 불구하고 평신도가 제자리를 찾지 못하고, 평신도가 제 역할을 다하지 못하고 있기 때문에 평신도의 소명을 다시 일깨우고 그 자리를 찾자는 의미에서 '평신도의 날'이 제정되었을 것입니다.

교회의 바탕은 평신도입니다. 평신도의 가정에서 성직자가 태어나고 수도자도 태어납니다. 평신도 한 사람 한 사람이 모여서 교회를 이루고 있습니다. 성직자들은 평신도들을 위해서 봉사하는 직분을 부여받고 있습니다.

성직자나 수도자가 없는 교회는 존재할 수 있지만, 평신도가 없는 교회는 존재할 수 없습니다. 건전하고 건강한 평신도들이 있는 교회는 희망이 있습니다. 그곳에서 성직자도 수도자도 태어날 수 있기 때문입니다.

그러나 평신도가 제자리를 찾지 못하고 성직자가 평신도 위에 군림하는 교회는 희망이 없습니다. 성직자에게서 성직자가 태어날 수 없고, 수도자에게서 수도자가 태어날 수 없습니다. 평신도의 위치와 삶의 모습에 따라서 교회의 모습도 바뀌게 됩니다. 평신도가 교회 안에서 제자리를 찾고 제 목소리를 내야 하는 이유가 여기에 있습니다.

평신도는 성직자들의 일방적인 사목의 대상이 아닙니다. 평신도와 성직자 모두가 사목의 주체이며 동시에 대상입니다. 진정한 의미의 사목자는 예수님 한 분뿐입니다. 그럼에도 불구하고 흔히 성직자는 '목자'요 평신도는 '양'으로 비유되고 있습니다.

요한복음 10장에서 예수께서는 '목자와 양' 그리고 '착한 목자의 비유'를 말씀하십니다. 요한복음의 이 말씀을 흔히 성직자와 평신도의 관계에 빗대어 해석하기도 했습니다. 그러나 예수님의 가르침은 성직자와 평신도의 관계에 대한 말씀이 아니라, 예수님 당신과 백성들과의 관계를 말씀하신 것입니다.

예수님은 목자입니다. 백성들은 양들입니다. 착한 목자 예수님께서 돌보시는 양떼 가운데 성직자도 있고 수도자도 있고 평신도도 있습니다. 양들의 모습이 다르듯이 예수님께서 돌보시는 백성들의 삶의 모습이 다릅니다. 성직자든 수도자든 평신도든 모두 예수님으로부터 보살핌을 받아야 할 양들입니다.

성직자 중심주의 사고에 깊이 빠져있던 교회는 요한복음 10장의 예수님의 말씀을 성직자와 평신도의 관계를 말하는 것처럼 해설함으로써 성직자는 일방적으로 평신도를 사목하고, 평신도들은 성직자들의 돌봄을 받는 사목의 대상으로 생각해 왔습니다. 성직자가 배타적으로 가지고 있는 성사 집전과 전례 거행의 권한을 이용하여 평신도들을 순치(馴致) 시켜 왔던 것도 사실입니다.

성직자와 평신도의 관계가 이렇게 왜곡되어있기 때문에 교회의 모습 또한 왜곡되어 있습니다. 특별히 한국교회의 모습이 그렇습니다. 한국교회의 성직자 중심주의는 우려를 넘어서서 한국교회의 병폐로 드러나고 있습니다.

1988년 12월 30일 교황 요한 바오로 2세께서 사도적 권고「평신도 그리스도인 Christifideles Laici」를 발표하셨습니다. 이 권고 56항 '신분과 소명'에서 이렇게 말하고 있습니다.

"모든 신분이 그리스도인으로서 동일한 존엄성과 사랑의 완덕 안에서 성덕의 동일한 보편적 소명을 살아가는 생활양식인 것이다. 그러나 동시에 서로 다른 보완적 생활양식이므로 각 신분은 서로 혼동될 수 없는 근본적 고유 특성을 가지고 다른 신분을 보완하며 다른 신분에 봉사하게 된다."

쉽게 설명을 드리자면 성직자, 수도자, 평신도는 신분과 소명에 있어서는 확실하게 구분되지만 존엄성에서는 차별이 있을 수 없고 같은 성덕으로 불림을 받고 있다는 가르침입니다. 그뿐 아니라 성직자, 수도자, 평신도는 서로 보완적인 관계에 있으면서 다른 신분에 봉사하고 있습니다.

그러나 한국교회의 현실은 그렇지 못합니다. 솔직하게 말하자면, 성직자와 수도자는 평신도보다 신분에 있어서 높습니다. 그리고 존엄성에 있어서도 평신도보다 위에 있는 듯합니다. 본당에서 성직자는 시혜를 베푸는 쪽이고 평신도들은 시혜를 받는 쪽입니다. 성직자와 평신도가 모두 목자이신 예수님의 돌보심을 받는 양들임에도 불구하고 한국교회의 성직자 중심주의 풍조는 성직자는 목자요 평신도는 양으로 여기도록 왜곡되어 버렸습니다.

예수님께서는 마태오 23, 8-12에서 이렇게 가르치셨습니다. "너희는 스승이라고 불리지 않도록 하여라. 너희의 스승님은 한 분뿐이시고 너희는 모두 형제다. 또 이 세상 누구도 아버지라고 부르지 마라. 너희의 아버지는 오직 한 분, 하늘에 계신 그분뿐이시다. 그리고 너희는 선생이라고 불리지 않도록 하여라. 너희의 선생님은 그리스도 한 분뿐이시다. 너희 가운데에서 가장 높은 사람은 너희를 섬기는 사람이 되어야 한다."(마태 23, 9-11)

교회를 세우시고 교회의 머리이신(에페 1, 22-23) 예수님의 가르침은 이렇게 분명한데, 교회에 속한 구성원들의 삶의 모습이 예수님의 가르침과 다르다면 심각한 문제가 아닐 수 없습니다.

스승은 예수님 한 분뿐입니다. 그러나 한국교회에서 성직자는 스승의 위치를 차지하고 있습니다. 일방적으로 성직자는 가르치는 위치에 있고 평신도는 성직자들로부터 배우는 처지입니다. 이런 현실 때문인지 성직자의 주도 아래 교회의 모든 일들이 진행되고 있는 형편입니다.

교회 안에서뿐 아니라 교회 밖에서도 천주교회의 성직자를 신부(영어로는 Father)라고 부르고 있습니다. 신부라는 호칭은 예수님의 가르침에 정면으로 배치되는 호칭입니다. 그 누구를 보고도 '아버지'라 부르지 말라 하셨는데 성직자를 신부(영어로는 정확하게 아버지)라고 부르고 있으니 분명히 잘못된 것입니다.

가부장적 분위기의 한국 사회에서 아버지는 가정에서 절대적인 권한을 행사합니다. 이런 사회 통념이 교회 안에서 그대로 적용되어서 신부라고 불리는 사목자의 권위는 절대적입니다. 본당 내에서 거의 모든 일들이 사목자인 신부의 주도와 결정으로 이루어지고 있습니다. 신부는 어른처럼, 평신도는 아이처럼 여겨진다면 분명히 잘못된 일입니다.

지도자는 그리스도 한 분뿐입니다. 그러나 한국교회에서 성직자는 지도자 노릇을 톡톡히 하고 있습니다. 평신도들 위에 군림하다시피 하면서 전권을 행사하는 성직자들이 한둘이 아닙니다. 마치 목자가 양떼를 이끌 듯이 한국교회의 성직자들은 평신도들을 어린

아이처럼 대하고 있는 실정입니다.

교회법과 교회의 각종 규정이 성직자 위주로 만들어져 있다면 이것도 과감하게 고쳐져야 합니다. 어떤 법이나 규정도 예수님의 가르침을 앞설 수는 없습니다.

예수님의 가르침에 반하는 왜곡된 성직자와 평신도의 관계 때문에 한국교회의 모습도 일그러져 있습니다. 성직자들의 권위주의적이고 독선적인 모습에 냉소를 보내면서 교회를 외면하거나 떠나는 사람들도 많습니다.

물론 그 누구도 대신해 줄 수 없는 사목자의 고유한 업무가 있습니다. 전례와 성사 집전이 바로 그것입니다. 성사 집전과 전례 거행은 그 누구도 대신할 수 없는 성직자의 고유한 업무이긴 하지만, 그것은 성직자 자신을 위한 직무가 아니라 전체 교회와 평신도들을 위한 성사 집전이며 전례 거행입니다.

평신도가 대신할 수 없는 성직자 고유의 직무도, 사실은 평신도들에게 봉사하기 위한 것입니다. 사목자의 본래의 모습은 봉사자여야 하고, 교회 안에서 사목자의 자리는 가장 낮은 자리여야 합니다. 성직자가 낮은 봉사의 자리를 차지하기 위해서는 평신도가 제자리를 찾아야 합니다.

지금 온 세상은 개혁의 물결에 휩싸여 있습니다. 치열한 경쟁 속에서 살아남기 위해서도 개혁을 해야 합니다. 개혁의 물결이 거세게 밀어닥치고 있지만 유일하게 변화를 거부하며 구태의연하게 머물고 있는 세계가 교회입니다.

교회가 교회다움을 간직하고 하느님의 큰 사랑을 증거하기 위해서는 개혁되어야 합니다. 스승이요 주님이신 예수님의 가르침을 현대사회에 펼치기 위해서도 개혁되어야 합니다. 교회가 이 땅에 빛과 소금의 구실을 다하기 위해서도 개혁되어야 합니다.

교회 개혁의 가장 핵심 문제가 평신도의 제자리 찾기입니다. 평신도가 제자리를 찾으면 한국교회의 성직자 중심주의도 빛을 잃게 될 것이고, 성직자들도 권위주의의 탈을 벗게 될 것입니다. 위로부터의 개혁이 아니라, 아래로부터의 개혁이 절실히 요구되고 있습니다. 왜냐하면 한국교회의 현실을 감안할 때 성직자들이 스스로를 개혁한다는 것은 난감한 일이기 때문입니다.

평신도는 성직자와 수도자가 태어나는 텃밭이고, 성직자와 수도자는 평신도의 텃밭을 은총으로 더욱 풍요롭게 만드는 봉사자입니다. 서로 보완적인 관계에 있으면서 서로를 위해서 봉사해야 할 평신도와 성직자이기에, 어느 한쪽의 불균형은 모두의 불균형을 초래하게 됩니다.

이제 평신도가 일방적인 사목의 대상이 아니라 성직자와 함께 사목을 담당하는 자리로, 성사와 전례 거행의 권위를 행사하는 성직자로부터 시혜를 받는 자리에서 당당하게 성직자의 봉사를 요구하는 자리로, 본당 사목에서 성직자의 일방적인 지시를 따르는 자리에서 서로 논의하는 자리로 돌아와야 합니다.

　평신도 여러분들의 가정에 하느님의 은총과 축복이 충만하게 내리기를 기원합니다. 그리고 여러분들의 건투를 빕니다.

연중 제 34주일

- 에제 34,11-12. 15-17
- 1코린 15,20-26.28
- 마태오 25,31-46

왕(그리스도)이신 예수

우리는 스승 예수님을 그리스도라고 고백합니다. 그리스도라는 말은 왕이라는 뜻입니다. 구약시대에 어떤 사람이 왕이 될 때에 예언자가 그의 머리에 기름을 부었습니다. 그러면 하느님의 성령이 그 사람 위에 내립니다. 하느님의 성령으로 넘치게 된 왕은 자신의 야망이나 욕망에 의해서가 아니라, 성령의 이끄심, 즉 하느님의 뜻[天命]을 따라서 백성들을 다스리게 됩니다.(1사무 10, 1; 16, 12-13 참조) 그리스도라는 말은, 기름부음을 받아 성령으로 충만하는 왕이 된 사람을 가리킵니다.

예수님은 서른 살 무렵에 출가합니다(루카 3, 23). 그리고 요르단 강에서 세례자 요한으로부터 세례를 받습니다. 그때 성령이 비둘기의 모습으로 예수님 위에 내려옵니다. 이때 하늘에서 이런 말씀이 들려옵니다. "이는 내가 사랑하는 아들, 내 마음에 드는 아들이다."(마태 3, 13-17 참조)

구약시대에는 왕이 될 사람 머리 위에 예언자가 기름을 부음으로써 성령이 내려왔지만, 예수님의 경우에는 세례자 요한이 예수님 머리 위에 물을 부어 세례를 베풂으로써 성령이 내려왔고 예수님은 그리스도 즉 왕이 됩니다.

그러나 아무도 예수님이 왕이 된 사실을 모릅니다. 왕 중 왕 예수님은 세속의 왕처럼 요란한 즉위식 같은 것을 하지 않습니다.

성령으로 충만하신 예수님은 광야로 물러가십니다. 40일 동안 식음을 전폐하시고 오로지 어떻게 왕 노릇을 할 것인지, 당신의 왕국은 어떻게 건설하실 것인지, 그리고 백성들을 어떻게 섬길 것인지 깊이 고민하시면서 기도합니다.

백성들을 다스리는 방법은 여러 가지가 있습니다. 가장 쉬운 방법은 백성들의 배를 채우는 것입니다. 돌멩이를 빵으로 만들어서 굶주리는 백성들의 배를 채워주기만 하면 왕 노릇을 하는 것은 어렵지 않습니다. 성전 꼭대기에서 뛰어내리는 초능력을 발휘하기만 해도 백성들을 압도하면서 사로잡을 수 있습니다. 그리고 악마에게 절하고 야합하는 방법으로 온 세상 부귀영화를 손아귀에 넣으면 백성들 위에 왕으로 군림하는 것은 어렵지 않습니다.

이런 방법은 권력욕에 눈먼 이 세상의 황제나 왕들 혹은 대통령들이 백성들을 통치하기 위해서 사용하는 방법입니다. 왕 중 왕 예수님은 세상의 왕들이 사용하는 방법이 아닌 다른 방법으로 왕 노릇을 하기로 작정하십니다.

예수님은 하느님의 아들 모습은 말할 것도 없고, 왕으로서의 모습도 버리고 가난하고 비천한 서민들과 같은 모습의 왕이 될 것을 다짐합니다. 가난한 서민들, 버림받은 사람들, 핍박받고 내어 쫓긴 사람들, 몸과 마음이 병들어서 괴로워하는 사람들과 함께 어울리는 왕이 되리라 다짐합니다.

세상 사람들은 예수님이 왕이라는 사실을 모릅니다. 겉으로 드러나는 예수님의 모습이 왕의 모습이 아닐 뿐 아니라 왕으로서의 권위나 위엄도 찾아볼 수 없습니다. 예수님은 기쁨과 고통을 함께 나누는 다정한 이웃이요 친구일 뿐입니다. 이렇게 되는 것을 불가에서는 '화광동진(和光同塵)'이라 합니다. 빛을 감추고 먼지와 같아진다는 말입니다.

누구든지 왕 중 왕 예수님을 만나면 새 삶을 시작하게 됩니다. 어부였던 시몬 베드로와 그의 동료들, 세리였던 마태오, 세관장 자케오, 창녀였던 막달라의 마리아, 예리고의 소경이었던 티메오의 아들 바르티메오, 열두 해 동안 하혈하던 부인과 가파르나움의 회당장 야이로, 야곱의 우물가에서 만난 사마리아 여인, 간음하다가 붙잡혀 온 여인, 그리고 수많은 나병환자들과 온갖 병으로 고통당하는 사람들이 왕 중 왕 예수님을 만나서 새 삶을 시작합니다.

예수님의 왕도(王道)는 동고동락(同苦同樂)하여 눈높이를 맞추는 것입니다. 모든 백성들에게 생명을 주는 것입니다. 왕 중 왕 예수님은 작고 보잘것없는 사람이라도, 큰 죄를 지은 사람이라도, 가난한 사람이라도 외면하거나 무시하지 않습니다. 오히려 예수님은 그들보다 더 낮은 자리를 차지합니다. 그리고 그들을 당신의 벗으로 삼아서 그들의 고통을 당신의 고통으로, 그들의 기쁨을 당신의 기쁨으로 여기며 동고동락(同苦同樂)합니다.

예수님의 왕도(王道)인 동체자비행(同體慈悲行)을 실천하여 생명을 나누어 주는 것입니다. 너와 나를 구별하지 않고 이웃을 내 몸처럼 사랑하신 왕 중 왕 예수님은 내어 쫓긴 무리들, 가난한 사람들, 병든 사람들, 작고 보잘것없는 백성들, 죄 때문에 상처투성이인 백성들을 측은지심(惻隱之心)으로 당신의 생명에 초대합니다. 그 초대를 기꺼이 받아들인 사람들은 누구든지 새 생명을 받게 되고 새 삶을 누립니다.

노자의 도덕경에 이런 대목이 있습니다.

"강과 바다가 모든 골짜기의 왕이 될 수 있는 까닭은/ 스스로 낮추기를 잘하기 때문입니다./ 그래서 모든 골짜기의 왕이 되는 것입니다./ 백성 위에 있고자 하면/ 말(言)에 있어서 낮추어야 하고/ 백성 앞에 서고자 하면/ 스스로 몸을 뒤에 두어야 합니다:『도덕경』66장." (江海所以能爲百谷王者/ 以其善下之/故能爲百谷王. 是以欲上民/ 必以言下之/ 欲先民/ 必以身後之) -『道德經』1995, 현암사, 279쪽 -

강과 바다는 모든 골짜기와 냇물의 왕입니다. 가장 낮은 자리에 있으면서 온갖 골짜기의 물, 시냇물을 다 받아들일 뿐 아니라 썩은 물이나 오염된 물도 거절하지 않습니다. 강을 거쳐서 바다로 흘러 들어간 시냇물과 골짜기 물은 바다의 일부가 되고 정화되어서 깨끗해집니다. 그 바다에는 온갖 생물이 우글거립니다. 이런 까닭에 강과 바다가 모든 골짜기의 왕이 됩니다.

우리 인생들이 작은 골짜기의 물이라면 예수님은 큰 강입니다. 우리는 강 같은 예수님을 만나서 예수님과 하나가 되고 예수님의 생명에 참여하게 됩니다. 그리고 바다 같은 하느님 안으로 흘러 들어가서 하느님과 하나가 됩니다.

우리는 예수님을 그리스도 즉 왕이라고 신앙고백하는 사람들입니다. 세상 사람들은 우리를 그리스도인, 크리스챤(Christian) 한자 말로는 기독교인(基督敎人) 혹은 천주교인(天主敎人)이라고 합니다. 그리스도라는 말이 왕이라는 뜻이니까, 그리스도인 혹은 크리스챤이라는 말은 왕다운 백성이라는 뜻입니다. 예수님을 그리스도 왕으로 고백하는 우리가 어떻게 살아야 할지 그 길은 분명해집니다. 우리는 왕답게 살아야 하고 왕처럼 살아야 합니다.

가장 낮은 자리가 우리의 자리입니다. 섬김을 받으러 오신 것이 아니라 섬기러 오신 예수님처럼, 우리도 섬기는 사람이 되어야 합니다. 부모님을 섬기고, 가족들을 섬기고, 이웃과 형제들을 섬기고, 직장 동료들을 섬기는 것이 왕답게 사는 길입니다.

섬기는 생활을 하려면 눈이 열려야 합니다. 가까이 있는 작은 이웃과 형제들이 바로 그리스도 왕 예수라는 사실을 깨달아야 합니다.

마지막 날 재림하실 예수님은 이렇게 심판하십니다. "내가 진실로 너희에게 말한다. 너희가 내 형제들인 이 가장 작은 이들 가운데 한 사람에게 해 준 것이 바로 나에게 해 준 것이다."(마태 25, 40)

깨달음을 얻어서 눈이 열리면 곁에 있는 가장 보잘것없는 형제가 예수님이라는 사실을 알게 됩니다. 그리고 그 보잘것없는 형제를 섬기는 것은 예수님을 섬기는 일이 됩니다. 예수님을 섬기면 당연히 상급도 받습니다.

우리가 모두 이렇게 이웃과 형제를 예수님으로 알아보고 섬기는 일에 온 정성을 다 쏟으면 어떤 일이 벌어지겠습니까? 그 자리가 하느님 나라[天國]가 됩니다. 천국은 섬기려는 사람들, 왕답게 사는 사람들이 모여 있는 곳입니다.

지옥이 따로 있습니까? 서로 높은 자리에서 섬김받으려고 싸우고 다투는 곳이 지옥입니다. 섬김받으려 하기 때문에 높은 곳에 오르려 하고 남을 짓밟고 끌어내리게 됩니다. 여기가 지옥입니다.

우리는 분명한 깨달음 하나를 얻게 되었습니다. 낮은 자리가 결코 낮은 자리가 아니라 왕의 자리라는 사실, 보잘것없는 형제가 우리가 섬겨야 할 예수님이라는 사실을 깨닫습니다. 그 깨달음을 실천하기만 하면 그 자리가 바로 천국입니다. 부디 여러분들이 왕 노릇을 잘하셔서, 여러분의 가정이 천국이 되기를 바랍니다. 여러분들이 일하는 직장이 천국이 되기를, 그리고 이 사회가 천국이 되기를 간절히 축원합니다.

성모의 밤

- 스바 3,14-18
- 루카 1,39-56

여인 중에 복된 여인

성모님의 달 5월에 성모의 밤을 축제를 지냅니다. 이 밤은 아름다운 밤입니다. 축복과 은총 충만한 밤입니다. 예수님의 어머니요 교회의 어머니시며 우리들의 어머니인 성모 마리아님의 복됨을 칭송하는 밤이기 때문입니다. 이 밤은 어머니 마리아님의 자모적인 사랑과 축복을 받는 밤입니다. 어머니 마리아님께서 여러분들의 몸과 마음과 영혼을 따뜻한 손길로 어루만져 주셔서 삶에 지친 여러분들을 위로해 주시기를 간구합니다.

세례자 요한의 어머니 엘리사벳은 자기 집을 방문한 마리아에게 이렇게 인사합니다. "당신은 여인들 가운데서 가장 복되시며 태중의 아기도 복되십니다." 오늘 우리가 성모님을 칭송하는 이유, 성모님을 본받고자 하는 이유도 성모님이 복된 여인이기 때문입니다.

우리가 가지고 있는 성경은 성모 마리아에 대해서 그리 많은 정보를 제공해 주지는 않습니다. 그렇지만 우리는 얼마 안 되는 정보를 통해서도 어머니 마리아님이 얼마나 복된 여인인지를 충분히

짐작할 수 있습니다.

　루카복음은 마리아를 기도하는 여인으로 전해줍니다. 천사 가브리엘이 마리아에게 나타나서 장차 예수의 어머니가 될 것이라고 알려줄 때도 마리아는 기도하고 있었습니다.

　기도는 하늘과 소통하는 행위입니다. 기도는 하늘과 사귀는 것입니다. 기도는 하늘의 소리를 듣는 것입니다. 하늘의 소리를 듣고 그 소리를 가슴에 새기는 것이 기도입니다. 마리아가 예수님의 어머니로 간택받게 된 것은 기도하는 사람이었기 때문입니다.

　기도하는 사람은 자기 가슴에 새겨진 하늘의 뜻에 따라서 살게 됩니다. 기도하는 사람 마리아는 당신 가슴에 새겨진 하늘의 뜻을 삶으로 펼칩니다. 마리아는 예수님의 잉태하고 낳음으로써 하늘의 뜻을 펼칩니다. 마리아가 복된 여인이 되는 이유가 여기에 있습니다.

　현대인들은 물질적으로 풍요롭고, 정보 과학기술의 발달로 편리하고 안락한 생활을 합니다. 그럼에도 불구하고 행복하지 못합니다. 기도를 잃어버렸기 때문입니다. 하늘과의 관계가 단절되었기 때문에, 물질적인 풍요와 온갖 향락을 누리면서도 행복하지 못합니다. 기도하지 않기 때문에 하늘과의 관계가 단절된 현대인들은 하늘의 뜻이 아니라 자신의 욕망을 펼치고 관철시키려고 노력합니다. 현대인들은 기도하지도 않지만, 기도하는 방법도 모릅니다. 기도를 요술방망이처럼 생각할 뿐 아니라, 자기 욕망과 뜻을 충족시켜주는 수단쯤으로 생각합니다.

최초의 인간 아담과 하와가 낙원에서 쫓겨나게 된 까닭이 어디에 있습니까? 그들은 하늘의 뜻이 아니라 자신들의 욕망을 펼치려고 하다가 낙원에서 쫓겨났습니다. 마리아의 복됨은 하늘의 소리를 듣고 하늘의 뜻을 펼침에 있는 것이지 자기 욕망을 충족시킴에 있지 않습니다.

　우리가 진정 복된 사람이 되고, 복된 삶을 누리기를 원한다면 바르게 기도하는 법을 배워야 하고 기도하는 사람이 되어야 합니다. 기도하면서 하늘의 뜻을 가슴에 품고, 그 뜻을 실천하면 하늘나라 천국에서 살아가게 됩니다.

　루카 복음은 마리아를 무엇이든지 '마음속에 간직하고 곰곰이 되새기는 여인'으로 묘사합니다. 천사 가브리엘의 인사를 받았을 때도, 목동들이 아기 예수님을 찾아와 경배했을 때도, 잃어버린 소년 예수를 성전에서 찾아 고향 나자렛으로 돌아왔을 때도 마리아는 그 사건들의 의미를 가슴속에 간직하고 곰곰이 되새깁니다. 그리고 그 사건들 안에서 마리아는 하느님의 섭리가 무엇인지 그리고 하느님의 손길이 무엇인지를 잠심 중에 묵상하고 찾아봅니다.

　지금 당장은 잘 알아들을 수 없고, 또 눈앞에서 펼쳐지는 현상은 고통스럽고 괴롭지만 시간이 지나고 보면 그것이 하느님의 은총이며 축복이었다는 사실을 깨닫는 때가 있습니다. 모든 사건들이 하느님의 손길이 닿아서 일어나는 일이라는 사실을 깨닫는다면, 비록 그것이 비극적이고 고통스럽다고 해도 그 속에서 하느님 자비와 축복의 손길을 감지할 수 있습니다.

모든 것을 가슴에 담고 곰곰이 생각하는 마리아는 눈앞에서 펼쳐지는 사건이나 사고 때문에 일희일비하거나 이리 기웃 저리 기웃하지 않았습니다. 마리아의 아들이요 우리의 스승 예수님도 그러했습니다.

사실 마리아의 일생은 고통과 비극의 연속이었고, 예수님 또한 십자가에 매달려서 당신 인생을 마감해야 했습니다. 그럼에도 불구하고 마리아는 그 비극과 고통 속에서도 하느님의 손길을 감지합니다. 마리아가 십자가 아래에서 극도의 고통 속에서 처참하게 죽어 가는 아들 예수의 모습을 두 눈으로 지켜보면서도 까무러치지 않고 똑바로 서 있을 수 있었던 것도 그 때문입니다. 예수님 또한 십자가 위에 매달려 단말마의 고통 속에서도 시편을 노래할 수 있었던 것도 그 때문입니다.

요즘 현대인들의 처신은 너무나 성급하고 감정적일 뿐 아니라 경박하고 표피적입니다. 무엇이든지 당장 눈앞에서 결과가 나타나기를 바랍니다. 지금 당장 내가 원하는 대로 효과가 나타나지 않으면 실망하거나 화를 내거나 누구를 원망합니다. 이것이 불행과 비극의 단초입니다. 이런 처신과 삶이 하늘이 내리는 복을 가로막게 됩니다.

가슴에 새기고 곰곰이 되새기는 지혜를 잃어버린 현대인들의 삶은 천박하고 찰나적입니다. 깊이 없는 가벼운 삶 속에 쾌락을 찾을 수는 있지만, 참된 기쁨과 평화, 그리고 깊은 행복을 찾을 수는 없습니다.

우리가 하늘이 내리는 복을 누리기를 원한다면, 마리아처럼 모든 사건과 일들 속에서 하느님의 섭리와 손길을 찾는 생활을 할 수 있어야 합니다.

끝으로 마리아는 말씀을 가슴에 새기고 실천합니다. 마리아는 천사 가브리엘을 통해서 전해지는 하느님의 말씀을 듣고 이렇게 응답합니다. "보십시오. 저는 주님의 종입니다. 말씀하신 대로 저에게 이루어지기를 바랍니다."(루카 1, 38)

마리아의 이 응답은 자신의 삶과 운명을 송두리째 바꾸어 놓습니다. 히브리서 저자는 이렇게 말합니다. "하느님의 말씀은 살아 있고 힘이 있으며 어떤 쌍날칼보다도 날카롭습니다."(히브리4,12) 마리아는 살아 있는 하느님의 말씀에 "예!"하고 응답합니다. 하느님의 말씀은 마리아의 인생과 운명을 송두리째 바꾸어 놓습니다.

하느님의 말씀은 마리아의 몸에서 임신이라는 형태로 나타납니다. 한 여성이 임신하게 되는 것은 어머니가 되는 것을 말합니다. 어머니가 된다는 것은 단순히 한 생명을 이 세상에 탄생시키는 역할을 하는 것만을 뜻하지 않습니다. 어머니가 된다는 것, 특별히 말씀을 잉태하고 낳고 보살피고 말씀과 함께 사는 어머니가 된다는 것은 말씀을 현실 가운데서 인격화하고 구체적으로 현실화하는 것을 말합니다.

예수님이 구세주 메시아로서의 소명을 다할 수 있었던 것은 어머니 마리아가 있었기 때문입니다. 마리아는 아들 예수님이 인류 구원을 위한 중요한 역할을 하시는 순간에 언제나 자리를 함께 했습니다. 예수님이 십자가에서 마지막 순간을 맞이할 때 어머니 마리아는 십자가 아래에서 예수님보다 더 아픈 고통을 당하시면서 아들의 고통에 동참하고 있었습니다.

마리아는 언제나 "보십시오. 저는 주님의 종입니다. 말씀하신 대로 저에게 이루어지기를 바랍니다." 하시면서 말씀에 순종하십니다. 마리아의 복됨은 여기에 그 근원이 있습니다.

오늘 우리가 복을 누리지 못한다면, 그 이유는 간단합니다. 어머니 마리아처럼 하느님의 말씀을 가슴에 새기고 그 말씀에 순종하는 삶을 사는 것이 아니라, 나의 생각, 나의 주장, 나의 고집을 앞세우고, 이념과 사상에 이리저리 휘둘리면서 시류에 영합하는 생활을 하기 때문입니다. 시대가 아무리 변해도 하느님의 말씀은 변하지 않습니다. 인류가 2천 년 넘게 예수님의 가르침에서 구원의 빛, 진리와 생명의 길을 찾는 까닭이 여기에 있습니다.

마태 7, 24-25에서 예수께서는 이렇게 말씀하십니다. "나의 이 말을 듣고 실행하는 이는 모두 자기 집을 반석 위에 지은 슬기로운 사람과 같을 것이다. 비가 내려 강물이 밀려오고 바람이 불어 그 집에 들이쳤지만 무너지지 않았다. 반석 위에 세워졌기 때문이다."

어머니 마리아는 말씀이라는 반석 위에 당신의 인생을 세웠기에 흔들림이 없었고 여인 중에 가장 복된 여인이 됩니다.

오늘 밤은 행복한 밤입니다. 온 천지가 푸른 생명으로 충만하고 여인 중에 복된 여인인 어머니 마리아의 큰 사랑도 함께 누릴 수 있기에 더욱 행복한 밤입니다. 우리도 어머니 마리아처럼 하느님 앞에서 "보십시오. 저는 주님의 종입니다. 말씀대로 저에게 이루어지기를 바랍니다."라고 기도하면서 복된 신앙인으로 살아가기로 다짐합시다.

한국 성직자들의 수호자 성 안드레아 김대건 사제 순교자

- 2역대 24,18-22
- 로마 5,1-5
- 마태오 10,17-22

하느님의 제단에 모든 것을 바친 삶

　한국 성직자들의 수호자이신 성 안드레아 김대건 신부님의 축일입니다. 한국인 최초의 사제인 김대건 안드레아 신부의 일대기를 간략하게 살펴봄으로써 그분의 열정적인 삶과 교회와 백성들을 사랑하는 마음을 본받고자 합니다.

　김대건 안드레아 신부는 1821년 충남 당진군 우강면 송산리에서 아버지 김제준 이냐시오와 어머니 고 울술라 사이에서 태어났습니다. 증조부 김운조는 천주교 신자라는 이유로 체포당해서 해미에서 10년 옥살이를 한 끝에 1816년에 옥사하여 순교합니다. 증조부 김운조가 옥사하게 되자 가족들은 박해를 피해서 경기도 용인지방으로 이사를 합니다. 이곳은 첩첩산중이어서 박해를 피해 온 교우들이 많이 모여 살고 있었습니다.

　소년 김대건은 이곳에서 조부 김택현의 슬하에서 한문을 익힙니다. 증조부가 순교할 정도로 신앙심이 깊은 가문이었기에 김대건도 철저한 신앙교육을 받으면서 자라납니다. 김대건의 나이 15세가 되던 1836년 6월, 당시 조선에 몰래 숨어 들어와 사목하고 있던 불란서인 모방 신부님으로부터 첫영성체를 합니다. 그리고 모방 신부님은 김대건을 신학생으로 선발합니다.

그해 말 신학생으로 선발된 김대건과 최방재, 최양업은 조선에서 선교를 하다가 본국으로 돌아가는 중국인 유방제 신부와 함께 마카오를 향해 유학길에 오릅니다.

요즘은 외국으로 나갈 때 비행기나 배를 타고 갑니다. 그러나 김대건과 그 일행은 비행기는커녕 배도 탈 수 없는 처지입니다. 천주교 신자들을 체포하기 위한 관헌들의 감시가 곳곳에 삼엄하게 펼쳐져 있었기 때문입니다. 그들은 낮에는 쉬고 밤에는 걷고 해서 국경을 넘어 만주로 들어서는 데 성공합니다. 봉천, 산해관, 북경, 천진, 남경, 항주, 복주, 광동을 거쳐서 1837년 6월 6일에 마카오에 도착합니다. 서울을 떠나 쉬지 않고 6개월을 걸어 중국의 남단 마카오에 도착한 것입니다.

열다섯 어린 나이에 여섯 달을 걸어서 머나먼 이국땅 마카오에 도달하는 데는 초인적인 힘이 필요했습니다. 물론 그 힘은 신앙심과 기도에서 나왔습니다.

하느님의 부르심을 받고 고향을 떠났던 아브라함처럼, 소년 김대건과 그 일행은 오직 하느님만 의지하고 어떤 위험이 도사리고 있을지 알 수 없는 미지의 땅을 향해서 여행을 떠났던 것입니다.

저도 이태리에서 유학생활을 했던 경험이 있습니다만, 고향땅을 떠나면 고생입니다. 말이 통하지 않고, 음식이 다르고, 생활 풍습이 다른 곳에서 외국어로 공부를 한다는 것은 고생스러운 일입니다.

마카오에 도착한 그 이듬해 민란이 일어나서 그들은 필리핀으로 피난을 떠났다가 돌아옵니다. 그 와중에 동료 최방재가 병사하는 슬픔을 겪게 됩니다. 신학생 최방재의 묘소는 지금도 마카오에 그대로 남아 있습니다. 김대건과 최양업은 그 슬픔과 충격을 딛고 면학과 수련에 열중합니다.

김대건과 최양업은 조선인 최초로 서양 문물과 학문을 익힌 선각자(先覺者)들입니다. 마카오가 국제도시이기 때문에 김대건은 자연스럽게 불어, 포르투갈어, 스페인어, 그리고 중국어, 라틴어를 습득하게 됩니다. 그리고 사제가 되기 위해서 신학공부를 했는데, 신학공부를 하기 위해서는 철학을 기본적으로 공부해야 합니다. 김대건과 최양업은 조선인 최초로 서양의 여러 언어를 습득했고, 서구 학식을 갖춘 교양인이 됩니다.

1840년, 중국 침략을 노리던 영국은 아편전쟁을 일으킵니다. 중국은 서양 여러 나라의 세력 다툼의 자리가 되었고, 영국에 극동 진출의 선두를 빼앗긴 불란서는 1842년에 군함 두 척을 보내 조선을 정탐하려 합니다. 마카오에 도착한 두 군함은 조선에 접근했을 때 도움을 줄 통역을 구하고 있었습니다.

그때 김대건은 21살의 청년이었습니다. 마카오 신학교의 책임자 리브와 신부는 이 기회에 김대건과 최양업을 조선에 귀국시키기로 결심합니다. 김대건과 최양업은 두 척의 군함에 각각 나누어 탔지만 불행하게도 두 군함은 항해 도중에 태풍을 만나서 조선에 도착하지 못하고 상해로 되돌아가게 됩니다. 6년 만의 귀국 길은 실패로 끝났습니다.

이 이후로 김대건은 조선으로 돌아가는 안전한 길을 찾기 위해서 백방으로 노력하던 중 1844년 12월 17일에 만주 팔가자에서 부제품(副祭品)을 받고 성직의 길에 들어섭니다. 부제 김대건은 1845년 1월 의주를 거쳐서 조선에 잠입하는데 성공합니다. 15살 어린 나이에 조선을 떠나 23살 청년이 된 김대건은 실로 8년만의 고향 땅을 밟게 됩니다.

그가 몰래 귀국하여서 살펴 본 한국교회는 거의 초토화되다시피 했습니다. 1839년 기해년 대박해 때에 수많은 천주교인들이 처형되었고 김대건의 아버지 김제준 이냐시오도 그해 서소문 밖에서 참수(斬首) 당했습니다. 한국교회는 거의 뿌리가 뽑힌 듯했지만, 그래도 살아 있었습니다. 고사 직전에 있던 한국교회를 살리기 위해서, 나라 안에서는 살아남은 신자들이 성직자들을 받아들이기 위한 길을 모색하고 있었고, 나라 밖에서는 선교사들이 조선으로 들어가는 길을 찾고 있었습니다.

김대건은 중국에서 조선 입국의 기회를 노리고 있던 페레올 고 주교님을 영입하기 위해서 다시 조선을 떠나서 상해로 향합니다. 15일간의 항해 끝에 무사히 상해에 도착한 김대건은 8월 17일에 상해 근처의 긴가항에서 신품(神品)성사를 받고 사제가 됩니다.

15살의 소년이 26살의 늠름하고 믿음직한 청년이 되어서 사제의 길에 들어서게 된 것입니다. 그는 한국인 최초의 사제가 되었고, 한국교회의 장래는 그의 어깨에 달려 있었습니다.

김대건은 사제가 되었다는 기쁨보다는 한국교회를 살려야 한다는 사명감으로 불타고 있었습니다. 그는 즉시 자신에게 서품(敍品)을 주신 페레올 고 주교님과 함께 작은 배를 타고 조선으로 향합니다. 육로로 걸어서 국경을 돌파하기 보다는 경계가 허술한 해안을 통과하는 것이 훨씬 쉬운 귀국길이라는 것을 알았기 때문입니다. 김대건 신부와 페레올 고 주교 일행은 8월 31일 충남 강경 황산포에 도착합니다.

김대건 신부의 귀국은 금의환향(錦衣還鄕)이 아닙니다. 목숨을 건 잠입입니다. 김대건 신부는 서울 근방에 자리를 잡고 숨어서 신자들을 돌보는데 온 힘을 기울입니다. 그에게는 하느님 말고는 기댈 곳이 없습니다. 아버지 김제준은 이미 6년 전에 순교하셨고 어머니 고 울술라는 떠돌이 신세가 되어 있었습니다. 워낙 감시의 눈초리가 심했기 때문에 어머니와 함께 머물 수도 없습니다. 그렇다고 신자들을 자유롭게 만날 수 있는 처지도 아닙니다.

그는 오직 하느님만 믿고 숨어다니면서 신자들을 만나고 성사와 미사를 집전하면서 사제로서 자신에게 주어진 소명에 충실합니다. 그러나 박해의 손길은 그를 가만히 놓아두지 않았습니다. 1846년 5월 21일(음력) 함께 유학길에 올랐던 최양업 신부와 불란서인 메스트로 신부를 맞이할 길을 찾기 위해서 황해 순위도라는 섬에 갔다가 거기서 포졸들에게 체포당하고 맙니다.

김대건은 사제로서 자신의 포부를 제대로 펼쳐보지도 못한 채 1846년 9월 16일 한강 새남터에서 군문효수로 처형당합니다. 그의 나이 26세, 사제가 된 지 불과 13개월 만에 제대로 피지도 못하고 꺾이고 맙니다. 너무도 아깝고 원통한 일입니다.

물론 조선 정부에서는 서양 학문을 배웠고 여러 나라 언어에 능통한 김대건 신부를 회유(懷柔)하여 인재로 활용할 계획도 세웠습니다. 그러나 김대건은 구차하게 살기보다는 하느님과 교회를 위해서 목숨을 바치기로 작정합니다.

간략하게 한국인 최초의 사제 김대건의 일대기를 살펴보았습니다. 김대건 신부는 너무나 일찍 꺾이는 바람에 한국교회에 이렇다 할 업적을 남기지 못했습니다.

그러나 그분의 짧은 생애는 한국 사제들에게 귀감이 되고 있습니다. 오직 하느님만 의지하는 굳건한 믿음이 그렇습니다. 사제가 기대고 서야 할 언덕은 하느님입니다. 사제가 돈과 권력과 명예와 안락을 추구하면 타락하게 됩니다. 그리고 업적 위주의 사목을 하게 되면 자신의 능력을 과시하면서 하느님을 외면하게 됩니다.

하느님만을 믿고 의지하면, 힘들고 어려운 생활 가운데서도 평화를 누릴 수 있습니다. 온갖 유혹과 시련 속에서도 흔들리지 않습니다. 그리하여 김대건 신부처럼 중단 없이 달려가는 용기와 인내심을 발휘하게 됩니다.

한국교회 사제들이 김대건 신부님을 본받도록 기도해 주시기 바랍니다. 한국교회의 사제들이 김대건 신부처럼 교회와 백성들을 위해서 자신의 모든 것을 바칠 수 있도록 기도해 주시기 바랍니다.

동시에 우리는 생사를 초월한 그분의 삶의 자세도 배워야 합니다. 김대건 신부는 26살의 젊음을 하느님의 제단에 아낌없이 바쳤습니다. 어찌 십 년 공부가 아깝지 않겠습니까? 어찌 그 출중한 학문과 인격이 아깝지 않겠습니까? 그러나 살아남아 그 재능들을 발휘하는 것만이 하느님께 영광을 드리고 백성들을 위하는 길이 아닙니다.

오늘 우리가 그분을 기리는 것은 그분의 출중한 인격과 지식과 능력 때문이 아니라, 생명과 함께 자신이 지닌 모든 것을 하느님 제단에 불살라 바쳤기에 그분을 기리는 것입니다. 어떤 사람은 살아서 훌륭한 일을 하고, 빛나는 업적을 남깁니다. 그러나 죽은 후에 곧 잊히기도 합니다. 한편 어떤 사람은 죽어서 일을 하고 업적을 남깁니다. 그리고 영원히 그 이름이 빛납니다. 오늘 우리가 기리는 김대건 신부가 그런 분입니다.

죽고 사는 것은 우리의 소관이 아닙니다. 모두 하느님께서 하시는 일입니다. 죽음 앞에 초연할 수 있을 때 비로소 인간은 완성됩니다. 이런 의미에서 김대건 신부님의 짧은 생애는 80년 혹은 100년을 살았던 사람들보다 훨씬 더 충만한 것입니다.

오늘 한국 사제들의 수호자 김대건 신부님의 축일에 한국교회의 사제들이 김대건 신부님처럼 충만한 생활을 하도록 기도해 주시기 바랍니다. 그리고 한국 사제들이 삶과 죽음에 연연하지 않고 자신에게 맡겨진 소명을 다할 수 있도록 기도해 주십시오.

설날

- 민수기 6,22-27
- 야고보 4,13-15
- 루카 12,35-40

복 받는 날

우리의 고유 명절 설날입니다. 신묘(辛卯)년 토끼해가 시작되는 날입니다. 띠, 즉 12지지(地支)는 음력 중심이 아니라 양력 중심입니다. 띠는 태양력 중심이기는 하지만 양력 1월 1일부터 적용되는 것이 아니라, 입춘(立春)부터 적용됩니다. 오늘부터 신묘년(辛卯年) 토끼해가 시작하는 줄 알지만 엄밀하게 따지면 봄을 알리는 입춘(立春)인 내일부터 신묘년 토끼해가 시작됩니다.

천간(天干) 지지(地支)는 농경사회에서 태양력에 맞추어 농사를 잘 지어 먹거리를 해결하고, 거기에 걸맞은 삶을 살기 위해서 만들어진 생활 규범입니다. 옛날부터 우리 조상들이 지켜왔던 생활 규범입니다.

올해는 신묘(辛卯) 즉 육십갑자의 28번째가 되는 해입니다. 그러니까 갑자(甲子), 을축(乙丑), 병인(丙寅)으로 헤아려 28번째가 신묘(辛卯)인데 토끼해입니다. 앞으로 다시 신묘년을 맞이하려면 60년을 기다려야 합니다. 올해 태어나는 아이가 60년 후에 다시 신묘년을 맞이하게 되는데, 이것을 환갑(還甲) 또는 회갑(回甲)이라고 합니다.

슬기로운 우리 조상들은 하늘과 땅의 조화(調和)를 천간 지지로 나타냈습니다. 천간은 갑을병정무기경신임계(甲乙丙丁戊己庚辛壬癸) 열 가지이고, 지지(地支)는 자축인묘진사오미신유술해(子丑寅卯辰巳午未申酉戌亥) 열두 가지인데 열두 마리 상징적인 동물을 나타냅니다.

사람은 하늘을 마음대로 할 수 없습니다. 하늘은 하늘이기 때문입니다. 그렇지만, 땅 위에서 우리가 어떻게 사는지에 따라서 하늘이 내리는 복(福)을 받을 수도 있고 화(禍)도 받게 됩니다. 하늘도 중요하지만 땅 위에선 인간이 어떻게 행동하고 말하고 처신하는지가 더 중요합니다. 12가지로 정해진 띠 동물은 어떻게 살면 하늘이 내리는 복을 받을 수 있는지 그 규범을 말해주고 있습니다.

올해는 토끼의 해인데, 토끼는 장점과 단점을 가진 동물입니다. 토끼의 단점을 버리고 좋은 점을 본받아서 살면 복을 받습니다. 토끼의 나쁜 점을 본받으면 화(禍)를 자초하게 됩니다.

토끼는 영리한 동물입니다. '별주부전'에 나오는 토끼는 별주부와 함께 용궁에까지 따라갔다가 용왕이 토끼 간을 먹어야 병이 낫는다는 말을 듣고 자기 간 대신에 산삼을 주어서 병을 낫게 합니다. 기지를 발휘하여 자기도 살고 용왕의 병을 낫게 하는 토끼는 영리합니다.

토끼와 거북이 경주 때에는, 자신의 빠른 발만 믿고 잠을 자다가 쉬지 않고 부지런히 걷는 거북이에게 지고 맙니다. 빠르고 영리하지만 교만하다는 사실을 지적하는 이야기입니다. 토끼처럼 자신의 능력을 과신한 나머지 교만해지면 낭패를 당하게 됩니다. 겸손해지라는 교훈입니다.

토끼는 몸에 비해서 크고 긴 귀를 가지고 있습니다. 소리를 잘 들을 수 있다는 말입니다. 큰 귀로 하늘의 소리, 좋은 소리, 이웃의 아픈 소리를 잘 듣고 사랑을 실천하라는 뜻입니다. 토끼는 앞다리보다 뒷다리가 크고 튼튼합니다. 그래서 위험이 닥치면 재빨리 몸을 피해 달아날 수 있습니다. 우리도 인생 여정에서 위험한 일, 나쁜 일, 사악한 유혹 등과 마주치게 됩니다. 이럴 때 토끼처럼 재빨리 사악한 유혹으로부터 몸을 피하는 지혜를 발휘할 수 있어야 합니다.

요즘 젊은이들에게 들려주고 싶은 이야기는, 토끼는 다산(多産) 동물이라는 점입니다. 일 년에 여러 차례 새끼를 낳습니다. 한 번 낳을 때 여러 마리를 낳습니다. 요즘 젊은이들도 아이를 많이 낳으면 복을 받습니다.

초식동물인 토끼는 남을 해칠 줄 모릅니다. 요즘같이 생존경쟁이 치열한 세상에서 토끼처럼 살면 남의 밥이 될 것 같지만, 사실은 그와 정반대입니다. 남을 해치지 않으면서도 지혜와 슬기를 발휘하여 도움을 주고 사랑을 실천하면 큰 복을 받습니다.

신묘(辛卯)년 토끼의 해를 시작하면서, 하느님께서 허락하신 새해를 우리도 토끼의 좋은 점을 본받아 살아서 하느님께서 내리시는 큰 복을 받아야 합니다.

설날을 한자말로 신일(愼日)이라고 합니다. 삼갈 신(愼), 날 일(日)입니다. 삼갈 신(愼)이라는 글자는 마음 심(心) 변에, 참 진(眞)입니다. 그러니까 설날은 참 마음을 가지고 지내는 날이라는 뜻입니다. 우리는 설날 '새해 복 많이 받으십시오!'하고 인사합니다. 복(福)은 하느님께서 내려주시는데 아무나 받을 수 있는 것이 아닙니다. 삼갈 신(愼) 그러니까 참 마음, 맑고 밝고 깨끗한 마음, 사랑과 자비로 충만한 마음, 너그럽고 따뜻한 마음을 가져야 비로소 하느님께서 내리시는 복을 받습니다.

마태오 복음 5, 3-12에서 예수께서 말씀하시는 여덟 가지 복 받는 마음 그릇을 가지면 복을 받습니다. 특별히 올해는 토끼를 닮은 마음을 가지면 복을 받습니다.

복을 받고 싶은 욕심은 굴뚝같은데, 사악하고 거짓스러운 마음, 망령되고 모진 마음, 무자비한 마음을 가지고 있다면 결코 복을 받을 수 없습니다.

한 해를 새롭게 시작하는 오늘 설날은 신일(愼日), 즉 참 마음, 맑고 밝고 향기로운 마음을 가지는 날입니다.

오늘 제1독서 민수기의 말씀처럼 저도 여러분이 복을 풍성히 받도록 기도합니다. 하느님께서는 모세에게 이렇게 축복을 빌어 주라고 말씀하십니다. "주님께서 그대에게 복을 내리시고, 그대를 지켜 주시리라. 주님께서 그대에게 당신 얼굴을 비추시고, 그대에게 은혜를 베푸시리라. 주님께서 그대에게 당신 얼굴을 들어 보이시고, 그대에게 평화를 베푸시리라."

올 한해 복 많이 받으시고, 늘 건강하시고, 가정마다 주님의 평화가 흘러넘쳐서 하시는 일마다 소원성취하시기를 예수님의 이름으로 축원합니다. 아멘

아치에스
마리아의 군사로 불림받은 사람들

우리는 오늘 성모님의 군사로서 전열을 가다듬고 어머니요 사령관이신 성모님께 충성을 다짐하기 위해서 이 자리에 모였습니다.

아치에스(Acies)란 봉헌사열식(奉獻査閱式)을 말합니다. 오늘 봉헌사열식을 장엄하게 거행하는 것은 우리는 군사이기 때문입니다. 우리는 군사이기는 하지만 이 세상의 군사들, 즉 총과 칼 혹은 첨단 무기로 무장한 군사들과는 다른 모습의 군사들입니다.

이 땅의 나라들은 군대를 보유하고 있고, 그 군대들은 총과 칼 또는 여러 가지 첨단 군사 장비로 무장하고 있습니다. 사람을 죽이는 살상 무기와 엄청난 파괴력을 지닌 첨단 무기로 무장한 군사들은 힘과 폭력으로 나라를 지키고 국민을 보호합니다. 각 나라가 보유하고 있는 군대가 군사력을 행사할 때는 무자비할 뿐 아니라 도시와 산업시설을 파괴하고 사람을 죽이는 일을 마다하지 않습니다. 그래서 전쟁은 비극입니다.

지금도 세계 곳곳에서는 전쟁이 벌어지고 있습니다. 시리아나 리비아에서는 지금도 정부군과 반정부군이 전쟁을 벌이고 있습니다.

우리나라에서도 남북한이 첨예하게 대치하고 있습니다.

　파괴와 살상을 유발하게 되는 전쟁은 그 명분이 어떤 것이든지 용서받을 수 없는 죄악입니다. 우리는 6·25라는 전쟁을 경험한 바가 있지만, 전쟁의 결과는 이긴 쪽이든 진 쪽이든 비참하게 됩니다. 도시가 파괴되고 수십 년 동안 공들여서 이룩한 산업시설들이 잿더미로 변하고 유구한 세월 동안 쌓아 올린 문화유산들이 한순간에 사라지게 됩니다.

　많은 사람들, 특히 자신을 방어할 수 없는 어린이와 노인들과 부녀자들이 무참하게 죽임을 당하게 되고 수많은 고아와 과부들이 생기며 또한 수많은 부상자와 불구자들이 생겨나게 됩니다.

　전쟁의 상처는 하루 이틀에 아물지 않습니다. 어떤 사람은 평생을 전쟁의 상처를 안고 살아야 합니다. 동족상잔의 6·25 전쟁을 치른 우리나라가 그 경우입니다.

　엄밀히 따져 전쟁에서는 승자와 패자가 따로 있을 수 없습니다. 전쟁이 일어나면 모두가 패자가 될 뿐입니다. 전쟁은 그 자체가 범죄이며 죄악입니다. 따라서 이유 여하를 막론하고 전쟁은 일어나서는 안 됩니다.

　분쟁과 전쟁은 나라와 나라 사이에만 있는 것이 아니라 사람과 사람 사이, 가정과 가정 사이, 지방과 계층 사이에도 있습니다. 지금 우리 사회가 겪고 있는 심각한 분열과 불화는 탐욕과 이기심에 그 뿌리를 두고 있습니다.

　탐욕과 이기심은 이 세상이 전부이고 눈에 보이는 현상만이 전

부인 양 생각하는 풍조 때문에 생겨납니다. 영원을 외면하고 찰나에 매달려서 향락과 안일을 추구하는 생활 태도 때문에 탐욕과 이기심에 빠지게 됩니다.

오늘 우리 눈에 보이는 현실이 삶의 전부가 아니며, 지금 당장 호의호식하면서 향락을 누리는 것이 행복이 아니라는 것을 깨닫기만 한다면, 사람들은 이토록 각박하게 자신의 탐욕과 이기심을 채우려고 날뛰지는 않을 것입니다.

탐욕과 이기심에 눈먼 사람들은 나의 이익만 침해를 당하지 않으면 만사를 무관심한 채 그냥 지나칩니다. 이웃이 굶주림에 허덕이거나 병들어 죽어 가도, 이웃이 강도를 당하거나 그 집에 불이 나더라도 눈 하나 깜짝하지 않고 무관심한 채 구경만 합니다.

그러나 자신의 이익이 침해를 당하거나 자신이 조금만 손해를 보게 되면, 그때는 가슴에 품었던 비수를 꺼내어 나의 이익을 침해하는 상대방을 해치우려고 덤비게 됩니다.

탐욕과 이기심, 분열과 불화, 폭력과 무관심이 우리의 현실을 지배하고 있습니다. 그 결과가 얼마나 불행한 것인지는 설명할 필요가 없습니다. 그 결과는 악마가 가장 좋아하는 파멸입니다.

이런 살벌한 세상에 우리는 성모님의 군사로 불림받고 있습니다. 무엇을 위해서 성모님의 군사로 불림을 받았습니까? 우리가 불림을 받게 된 것은 심각하게 분열되어 있는 이 세상을 하나로 일치시키기 위해서, 평화를 외면하는 이 세상에 하느님의 평화를 심기 위해서 불림받았습니다. 무력이나 폭력이 아니라 복음으로 이 세상을 정복하여 파멸로 치닫고 있는 이 세상을 구원하기 위하여 성모님의 군사로 불림받았습니다.

레지오 주 회합을 마치면서 바치는 '마침 기도'에는 이런 대목이 나옵니다. "믿음으로서 우리가 한데 뭉쳐 나아가며, 하느님의 무한한 사랑의 불을 온 누리에 밝히어, 어둠과 죽음의 그늘 밑에 있는 모든 이들을 깨우치렵니다. 또 미지근한 이들을 열정으로 불태우고 죄로 죽은 영혼들을 다시 살아나게 하렵니다."

기도문에서 지적한 대로 이 세상은 죄와 죽음의 그늘이 짙게 드리워져 있습니다. 죄와 죽음의 그림자가 짙게 드리워진 이 세상을 구원할 수 있는 비결이 있습니까? 권력이나 돈이나 재물로 혹은 과학기술이나 산업기술로 죄와 죽음의 그림자를 거둘 수 있습니까?

많은 사람들은 강력한 통치자와 통치력이 있으면 이 세상은 밝아질 수 있다고 생각합니다. 어떤 사람들은 경제가 발전하면 우리 사회는 밝아질 것이라고 말합니다.

오늘 우리는 지난날의 보릿고개를 모릅니다. 철 지난 옷, 낡은 옷, 유행에 뒤처진 옷을 입지 않습니다. 영양 과다와 성인병을 걱정하고, 자동차를 세워 둘 주차공간이 부족할 만큼 많은 사람들이 편안하고 안락한 생활을 하고 있습니다. 지금 우리나라는 세계 10대 무역 교역국입니다.

그렇다고 우리 사회가 밝아졌습니까? 오히려 우리 사회는 더 어두워졌습니다. 과소비와 사치풍조, 향락 퇴폐풍조가 만연하고 이런 풍조가 가정 깊이까지 파고들어 가정마저 위협하고 있습니다.

여기에다 끝없는 탐욕을 만족시키려고 날뛰는 무리가 온갖 범죄를 저지르고 있습니다. 그뿐 아닙니다. 물질적인 풍요만을 무분별하게 추구한 나머지 인류가 어머니 품처럼 생각해야 할 자연과 환경이 죽어 가고 있습니다. 환경오염은 걱정할 단계를 넘어서서 우리 모두의 건강과 생명을 직접 위협하고 있습니다.

권력도 돈과 재물도 안락하고 풍요로운 생활도 우리를 구원하지 못한다면, 그러면 무엇으로 우리는 구원받을 수 있습니까?

우리 모두가 살 수 있는 길이 하나 있습니다. 하느님께 귀의하고 그분의 자비와 은총에 기대는 것입니다. 이것이 복음입니다. 신앙 안에서 서로 사랑하고 용서하고 일치함으로써 우리는 구원받을 수 있습니다.

이 복음을 누가 전해야 합니까? 오늘 이 자리에 모인 우리입니다. 우리는 이 일을 위해서 성모님의 군사로서 불림받았습니다. 복음으로 이 세상을 정복하기 위해서 우리는 불림받았습니다. 이 세상에 어두운 그림자를 드리우고 있는 죄와 죽음의 세력과 싸우도록 우리는 군사로서 불림받았습니다.

레지오 단원 여러분, 군인은 전쟁터에서 용감하게 싸워야 합니다. 우리가 싸워 이겨야 할 적은 죄와 죽음의 세력입니다. 우리는 이 사회를 분열과 불화와 파멸로 몰아가는 악마의 세력과 싸워야 합니다.

우리는 이 적을 무찌르기 위해서 단단히 무장해야 합니다. 우리가 성모님의 군사로서 무장해야 할 무기는 기도입니다. 그리고 굳건한 믿음과 신심이 우리의 방패가 되어야 합니다.

　레지오 단원은 어머니요 사령관이신 성모 마리아를 본받아야 합니다. 마리아는 연약한 시골 처녀였지만 믿음만은 온 세상을 정복할 만큼 굳건하였습니다. 하느님의 부르심에 "이 몸은 주님의 종입니다. 지금 말씀대로 제게 이루어지기를 바랍니다."라고 응답하심으로서 예수님의 어머니가 되셨습니다. 그리고 아들 예수님의 구원 사업에 그 누구보다도 깊이 참여하셔서 닫힌 하늘의 문을 여는 데 결정적인 역할을 합니다. 마리아의 간단없는 기도와 큰 믿음은 아들 예수님께서 죄와 죽음의 세력을 정복하는 데 큰 힘이 되었습니다.

　우리도 성모 마리아와 같은 믿음과 기도로 무장하고 복음 선포의 일선에 서서 우리의 사명을 다할 때, 이 세상은 정복될 것이며 악마의 세력은 물러가게 됩니다.

　우리는 레지오 회합을 마칠 때마다 이렇게 기도 바칩니다. "사랑으로 불타는 믿음을 우리에게 주소서. 이 믿음으로써, 주님을 사랑하는 순수한 지향으로 우리의 모든 사명을 완수하고 이웃 안에서 항상 주님을 뵈옵고 섬기렵니다."

　우리가 어머니요 사령관이신 마리아처럼 하느님께 대한 굳건한 믿음과 간단없는 기도로 무장하고 있다면 악마의 세력이 아무리 강하다고 할지라도, 악마의 세력을 쳐서 이길 수 있고 복음으로 이 세상을 정복할 수 있습니다.

레지오 단원은 아무것도 두려워하지 않습니다. 우리 뒤에는 아버지 하느님이 계시고, 십자가로 이 세상을 정복하신 스승이요 주님이신 예수님이 계시고 빛과 은총으로 이끌어 주시는 성령이 계시고, 어머니요 사령관이신 마리아가 계시기 때문입니다.

우리는 오늘 어머니요 사령관이신 마리아님께 우리의 충성을 다짐하고 우리 자신을 새로이 봉헌하고자 합니다. 성모님의 군사로서 우리가 하는 작은 일들이 결코 작은 일이 아닙니다. 그 작은 일들이 이 세상을 복음으로 정복하는 데 결정적인 역할을 합니다.

작은 일도 하느님과 성모님 앞에선 가치 있는 큰일입니다. 우리가 레지오 단원으로서 성실해야 하는 이유가 바로 여기에 있습니다.

우리는 이 세상을 복음으로 정복하도록 불림받았음으로 성모님의 군사답게 행동하고 처신해야 합니다. 우리의 작은 언행은 언제나 이웃과 형제들에게 모범이 되어야 합니다. 무엇보다도 우리의 가정을 주님께서 축복하시는 성가정으로 만들어야 합니다. 이런 바탕 위에 비로소 구원의 기쁜 소식을 이웃에게 전할 수 있고 우리의 복음 선포는 힘 있는 것이 됩니다. 성모님의 군사로서 충성을 다 바칠 것을 다짐하면서 악마의 세력을 꺾고 복음으로 세상을 정복하는 일에 매진합시다.

주님의 은총과 축복, 성모님의 가호가 여러분과 여러분 가정에 충만하기를 기원합니다. 아멘.

장례 미사

영원한 안식을 주소서

 주여 망자 ○○○에게 영원한 안식을 주소서.
 주님 안에 편히 잠든 망자 ○○○의 영원한 안식을 기도하면서 망자를 하느님 나라 저편으로 떠나보내고 슬퍼하는 유족들을 위로하기 위해서 우리는 오늘 이 자리에 모였습니다.
 우리는 인생길을 걸어가면서 큰 사건 세 가지를 경험합니다. 출생과 결혼과 죽음이라는 세 가지 사건입니다. 이 세 가지 사건보다 더 큰 일은 우리 인생사에 없습니다.
 하느님으로부터 생명을 받아서 이 세상에 태어나는 일을 그 무엇보다도 큰 사건입니다. 애당초 나라는 존재는 이 세상에 없었습니다. 그러나 하느님께서는 나라는 존재를 점지하시고 부모님을 통하여 이 세상에 태어나게 하셨습니다.
 이렇게 이 땅에 태어난 나라는 존재는 하나밖에 없는 유일무이한 존재입니다. 우리는 두 번 다시 이 땅에 태어날 수 없습니다. 두

번 다시 이 땅에 태어날 수 없기 때문에 우리의 삶은 그 무엇과도 바꿀 수 없을 만큼 소중합니다. 그래서 그런지 모든 사람들은 이 세상에서 오래 살기를 원합니다. 사람들은 오래 살기 위해서 별별 노력을 다 기울입니다.

그러나 이런 노력에도 불구하고 우리는 모두 죽고 맙니다. 죽음이란 불행한 사건이고 누구나 피하고 싶은 사건입니다. 그럼에도 불구하고 우리는 모두 죽어야 합니다.

죽음이라는 사건으로 우리는 한 번밖에 없는 우리 삶을 마감해야 합니다. 이 죽음이라는 사건이 우리 인생사에 있어서 가장 큰 사건 중 하나입니다.

죽음이란 무엇입니까? 우리는 죽음이 무엇인지 모릅니다. 인간은 남의 죽음을 바라볼 수 있을 뿐이지 스스로 죽음을 경험할 수는 없기 때문입니다. 어떤 사람은 길을 가다가 죽습니다. 어떤 사람은 잠을 자다가 죽습니다. 어떤 사람은 오랫동안 병을 앓다가 죽습니다. 어떤 사람은 차를 타고 가다가 사고가 나서 죽습니다. 우리는 천태만상의 죽음을 봅니다. 그러나 그 죽음은 남의 죽음이지 나의 죽음이 아닙니다. 그래서 우리는 죽음을 모릅니다.

다만 알 수 있는 것은 너 나 할 것 없이 모두가 다 죽는다는 사실입니다. 죽음 앞에는 모두가 평등하다는 사실입니다. 힘 있는 사람도, 힘없는 사람도, 젊은 사람도, 나이가 많은 사람도, 많이 배운 사람도, 적게 배운 사람도, 부자도 가난한 사람도 모두가 죽는다는 사실입니다. 죽음은 평등하게 모든 사람들에게 다가옵니다. 이 세상 모든 것은 불평등합니다. 그러나 죽음 한 가지만은 만인에게 평등합니다. 다만 차이가 있다면 시간의 차이가 있을 뿐입니다.

오늘 우리가 ○○○형제님(자매님)을 보내드리려고 이 자리에 모였습니다. 오늘은 ○○○형제님(자매님) 차례이지만 내일은 우리 차례가 될 것입니다.

만인에게 평등하게 죽음은 찾아오지만 그 시간이 언제일지 알지 못하기 때문에 죽음이 나와는 상관이 없는 듯이 느껴지기도 합니다. 그러나 우리는 늘 죽음 가까이에서 살고 있다는 사실을 잊어서는 안 됩니다. 언제 죽음이 갑자기 나를 찾아올지 알 수 없기 때문에 늘 죽음을 준비하는 삶을 살아야 합니다. 시인 윤동주는 하늘을 우러러 한 점 부끄럼이 없기를 노래했습니다.

시인 윤동주의 노래가 죽음을 가까이하고 있는 우리들의 삶의 태도여야 합니다. 언제 어떤 모습으로 죽음이 찾아올지 알 수 없음으로 지금 죽음을 맞이하더라도 후회 없는 삶을 살아갈 때 비로소 우리의 삶은 완성된 삶이 될 것입니다.

어떻게 사느냐 하는 것이 중요한 것처럼 어떻게 죽느냐 하는 것은 더 중요합니다. 우리는 단 한 번밖에 주어지지 않는 삶을 죽음을 통해서 정리하고 마감해야 하기 때문입니다.

한편, 죽음으로 이 세상의 삶을 마감하기는 하지만 죽음이 삶의 끝이 아니라는 사실도 알아야 합니다. 그리스도교인들은 죽음이 죽음이 아니라 새로운 삶으로 넘어가는 것임을 믿고 있습니다. 죽음이란 이승과 저승 사이에 놓여 있는 다리이자 문입니다. 아무도 죽음이라는 문을 지나지 않고 저승의 삶으로 건너가지 못합니다.

우리는 죽음이라는 다리를 건너서 평소에 우리가 살았던 대로 하느님 앞으로 나아가 우리의 삶에 대해서 셈 바쳐 드려야 합니다. 그리고 평소 이승의 삶에 걸맞는 삶을 이어가게 됩니다.

오늘 우리가 하늘나라로 보내드리는 ○○○형제는 이 지방에서 명망있는 인사로서 공직도 수행하셨고, 지방의 발전을 위해서 헌신하신 분입니다. 고인의 봉사와 헌신이 이 사회 발전에 밑거름이 되기를 기원하고, 남아 있는 가족들이 고인의 유지를 받드는 일에도 소홀하지 않아야 합니다.

고인은 늦게 가톨릭 신앙에 귀의하셨지만, 투병하시느라 신앙생활에는 충실하지 못했습니다. 그렇지만, 우리는 하느님의 대자대비하심을 믿고 있습니다. 하느님께서 ○○○형제를 천국 영복으로 받아 주시리라 기도합니다.

이제 유족들은 고인이 남긴 그 빈자리를 채우고, 고인이 미처 다 하지 못한 일을 대신해야 할 때가 되었음을 명심하시기 바랍니다.

효도는 살아있는 부모에게만 하는 것이 아니라 돌아가신 부모에게도 다해야 합니다. 공자(孔子)는 효(孝)에 대해서 이렇게 가르칩니다. 孝子之事親也라 居則致其敬이요 養則致其樂이며 病則致其憂요 喪則致其哀요 祭則致其嚴이라. 풀이하자면 효도를 함에 있어서 공경을 다하여 부모님을 모시고, 기쁜 마음으로 봉양해야 하며, 병드시면 근심을 다하여 같이 아파하며, 돌아가시면 슬픔을 다하고 제사를 지냄에 있어 엄숙함을 다해야 한다.

 십계명 중 제 4계명이 부모에게 효도하라는 계명인데, 공자의 가르침은 그 4계명을 구체적으로 어떻게 실천할 것인가를 말해주고 있습니다. 세상에 부모에게 불효하고 복 받는 사람이 없습니다. 유가족들은 슬픔에 빠져있기보다는 어떻게 하면 돌아가신 아버지(어머니)에게 효도를 다할 수 있을 것인지, 어떻게 하면 고인이 다하지 못한 유지를 이어갈 것인지 고민하시기 바랍니다.

 다시 한번 ○○○형제의 명복을 빌고, 유가족 여러분들에게 심심한 애도와 위로의 말씀을 드립니다.

 주님, 망자 ○○○○에게 영원한 안식을 주소서. 영원한 빛을 그에게 비추소서.

장례 미사
- 욥기 19,1.23-27
- 1 코린 15,51-57
- 마태 25,31-46

하느님의 자비

오늘 우리는 망자(   )를 하느님 나라로 보내드리기 위해서 이 자리에 모였습니다. 먼저 사랑하는 (   )를 잃고 망연자실 슬픔에 잠겨 있는 유가족 여러분들에게 심심한 위로의 인사를 드립니다. 하느님께서 여러분들의 아픈 가슴을 따뜻한 자비의 손길로 어루만져 위로해 주시기를 기도합니다.

오늘 우리는 망자를 떠나보내면서 삶과 죽음, 그리고 우리들의 구원에 대해서 생각해보지 않을 수 없습니다. 망자(   )는 우리보다 먼저 이 세상을 떠나 하느님의 품으로 돌아갔습니다. 존재하는 모든 것들은 자신이 왔던 곳으로 되돌아갑니다. 죽음은 사멸(死滅)이 아닙니다. 우리가 망자(   )를 떠나보내면서 슬퍼하는 것은 망자가 사멸하였기 때문이 아닙니다. 망자를 더 이상 볼 수 없다는 사실, 망자의 따뜻한 손길과 사랑스러운 눈길을 서로 주고받을 수 없다는 사실이 우리를 슬프게 합니다. 당연히 망자의 목소리도 들을 수 없습니다.

그렇지만 죽음은 사멸이 아니라 떠남입니다. 죽음은 사멸이 아니라 건너감입니다. 떠났기 때문에 멀리 있다고 생각하지 마십시오. 우리 눈에 보이지 않을 뿐입니다. 이승과 저승 사이에는 죽음이라는 다리가 있습니다. 망자는 죽음이라는 다리를 건너서 이승에서 저승으로, 이 세상에서 하느님의 품으로 건너갔습니다. 이승도 저승도 우리가 살고 머무는 세상입니다. 하느님의 품도 우리가 머무는 자리입니다. 그러니 지나치게 슬퍼하지 않아도 됩니다.

  신앙인들에게 삶과 죽음은 별개의 것이 아닙니다. 삶과 죽음은 동전의 양면과 같습니다. 죽음은 삶의 다른 모습입니다. 또한 삶의 결과는 죽음으로 나타납니다. 어떤 사람은 살아 있어도 죽은 자의 삶을 삽니다. 죽음의 지배 아래 사는 사람들이 그렇습니다. 사랑하지 못하고 너그럽게 품어주거나 베풀지 않고, 용서하지 않는 사람, 이기적이며 자기중심적인 생각에 사로잡혀 사는 사람들은 살아 있어도 죽은 사람과 같습니다.

  어떤 사람은 이미 죽었어도 영원히 살아 있습니다. 평소에 사랑하고, 따뜻한 가슴으로 품어주고 너그럽게 베풀고 용서하고 위해주는 삶을 살았기 때문입니다. 우리는 우리 주변에서 죽었지만 살아 있는 사람들을 많이 봅니다. 그뿐 아니라 우리 가슴에 살아 있는 사람들이 많이 있습니다. 그들을 어찌 죽은 사람이라 하겠습니까?

  우리는 하느님을 아버지로, 예수님을 스승이요 주님으로 받들어 섬깁니다. 하느님은 산 이들의 하느님이지 죽은 이들의 하느님이 아닙니다(마태 22, 32). 그리고 우리의 주님이신 예수님은 부활하여 살아계신 분이지 죽어버린 분이 아닙니다.

망자(   )는 평소 하느님을 아버지로 믿고 섬기던 신앙인입니다. 당연히 대자대비하신 하느님의 품에 평안한 안식을 누리게 됩니다. 망자(   )는 부활하신 예수님을 주님이요 스승으로 받들어 섬기던 그리스도인입니다. 당연히 예수님의 부활 은총을 누리게 됩니다.

우리는 망자(   )가 완벽한 인간으로서가 아니라, 허물과 부족함이 많은 삶을 살아왔다는 사실을 잘 압니다. 그렇지만 하느님의 자녀요 예수님의 제자로서 기도하면서 사랑하는 삶을 살려고 노력했다는 사실도 잘 압니다. 망자는 비록 허물이 많기는 하지만 여성으로 어머니로서 아내로서 주부로서 열심히 사랑하는 삶을 살았습니다.

우리는 슬퍼하기보다는 하느님의 대자대비하신 손길에 망자를 맡겨 드리면서, 망자의 안식을 기도해야 합니다. 지금 우리가 망자를 위해서 할 수 있는 것은 망자를 위해 기도하는 일과 더욱 열심히 사랑하면서 살아가는 것입니다.

죽음과 삶은 별개의 다른 것이 아닙니다. 삶 속에 죽음이 있고, 죽음 안에 부활의 씨앗이 있습니다. 언제 삶 속에 있는 죽음이 고개를 들고 우리를 부를지 알지 못합니다. 죽음이 우리를 부를 때,

그 누구도 그 부름을 거부할 수 없습니다. 그것은 하느님의 부르심이기 때문입니다.

언제 어떤 모습으로 죽음이 우리를 부른다 하더라도 망설임 없이 하느님 앞으로 나아갈 수 있도록, 하느님 자녀다운 삶을 살기로 다짐합시다. 하느님께서 우리를 부르실 때까지 서로 위로하며 사랑하는 삶을 살아갑시다.

다시 한번 유가족 여러분들에게 위로의 말씀을 드립니다. 망자( )와 유가족 여러분들을 위해서 기도하겠습니다.

+ 주님, ( )에게 영원한 안식을 주소서.
  영원한 빛을 그에게 비추소서.
+ ( )와 세상을 떠난 모든 이가 하느님의 자비로 평화의 안식을 얻게 하소서.

아멘.

가해 강론집

사람이 하늘이다 ❷

처음 펴낸 날	2020년 1월 25일
지은이	강영구 루치오 신부
삽 화	트라피스트수도원 쥬리아나 수녀
펴낸이	김리아
펴낸곳	불휘미디어
	제567-2011-000009호
	경상남도 창원시 마산합포구 오동동10길 87
	(055) 244-2067
	(055) 248-8133
	E-mail: 2442067@hanmail.net

ISBN 979-11-88905-43-0 04230
ISBN 979-11-88905-44-7 (세트)

이 도서의 국립중앙도서관 출판예정도서목록(CIP)은 서지정보유통지원시스템 홈페이지
(http://seoji.nl.go.kr)와 국가자료종합목록 구축시스템(http://kolis-net.nl.go.kr)에서
이용하실 수 있습니다. (CIP제어번호: CIP2020002061)

책값은 뒷표지에 있습니다.